Eifersucht – Krank aus Liebe

Besser umgehen mit der eigenen
und der Eifersucht des Partners

Dr. Eva Gesine Baur

GU GRÄFE UND UNZER

Inhalt

Ein Wort an Sie

Daß es Sie so schlimm erwischt, hätten Sie nie gedacht. Und das ist kein Wunder: schließlich hat keiner mehr mit ihr gerechnet. Jedenfalls nicht damit, daß sie ein derart spektakuläres Comeback erleben würde. Denn die einen hatten sie totgesagt, weil ihr Image miserabel war und sich deswegen keiner mehr öffentlich zu ihr bekennen wollte. Die anderen redeten sie harmlos und damit bedeutungslos. Keiner hat mit ihrer Rückkehr gerechnet. Und jetzt füllt sie, wenn sie ganz hemmungslos auftritt, Schlagzeilen und Kriminalstatistiken: Die **EIFERSUCHT** ist wieder da, stärker und aggressiver als je zuvor.

Die Rückkehr des Phänomens Eifersucht in unsere Gesellschaft ist derart heftig, daß viele bereits von einer Volkskrankheit reden. Daß die grassiert, belegt eine Untersuchung der Münchner Gesellschaft für Rationelle Psychologie: Vor zwanzig Jahren gestanden zehn Prozent der Männer, extrem eifersüchtig zu sein, heute sind es 32 Prozent. Vor zwanzig Jahren hielten sich insgesamt 46 Prozent der Männer im Lande ganz allgemein für eifersüchtig, heute sind es 72 Prozent.
Bei den Frauen sieht es ähnlich aus: Als extrem und übertrieben eifersüchtig bezeichneten sich 1975 nur 13 Prozent der deutschen Weiblichkeit, 1995 sind es 28 Prozent. Insgesamt befanden sich vor zwanzig Jahren 34 Prozent der Frauen für eifersüchtig, mittlerweile sind es 65 Prozent.
Diese Zahlen sagen aber nichts aus über das Ausmaß der Schmerzen und Ängste, der Haßgefühle, der Aggression und der Verzweiflung, die jeder einzelne dabei durchlebt.

Natürlich ist es richtig, daß oft nur eine Umstrukturierung des Charakters demjenigen hilft, der sich mit schweren Eifersuchtsgefühlen herumschlägt. Natürlich stimmt es, daß die Gründe für krankhafte Eifersucht so tief in der Seele begraben liegen, daß meistens nur eine Psychoanalyse sie aufdecken kann. Aber diese Seelen-Archäologie braucht Zeit und Geduld. Und wen die Eifersucht packt, der hat erstmal keine Nerven, in sich zu gehen. Der braucht Soforthilfe. Denn wer nicht in der Frühphase eingreift, sondern das Gefühl der Eifersucht wachsen läßt, zieht es zu einer Hydra in sich heran: So hieß das vielköpfige Ungeheuer in den Mythen der Griechen. Schlug man ihm einen Kopf ab, wuchsen zwei neue nach. Und da kann Eifersucht zu einem bedrängenden, beengenden Problem werden, aus dem der Betroffene irgendwann nur noch einen Ausweg sieht: die Zerstörung. Entweder zerstöre ich mich selbst oder den, der die Eifersucht in mir ausgelöst hat. Aber auch wenn es nicht zu gewalttätigen Reaktionen kommt, ersticken viele Partnerschaften an der Eifersucht, die allen Beteiligten die Luft zum Atmen nimmt.

Dabei wollten alle nur eins: Glück. Und die meisten geben mittlerweile der klugen Hildegard Hamm-Brücher recht, die in einem Fragebogen der *Frankfurter Allgemeinen Zeitung* sagte, daß Glück für Sie persönlich darin bestünde, *»dauerhafte menschliche Beziehungen«* zu haben. Unsere Welt ist kälter geworden. Wir haben uns abgehärtet gegen Zynismen, die uns frösteln lassen, und gegen den scharfen Wind im Berufsleben. Aber gerade deswegen ist auch die Sehnsucht nach Wärme, Intimität und Geborgenheit größer geworden. Und mit ihr die Angst, all das könne einer zerstören. Wir sind uns der Kostbarkeit gewachsener Beziehungen bewußt geworden, sind bereit, darum zu kämpfen und nicht gleich alles hinzuschmeißen.

Was aber tun, wenn Eifersucht alle Wahrnehmungen so beeinträchtigt, daß die Sensoren für Glücksgefühle nicht mehr empfangsbereit sind? Was tun, wenn der Verdacht sich bewahrheitet? Was tun, wenn Seitensprung und Trennung Wunden aufreißen, die nicht schnell zu verpflastern sind? Was tun, wenn das Herz blutet?

Wie bei jedem schweren Unfall braucht es auch bei Eifersuchts-Katastrophen eine professionelle Erste Hilfe. Eine, die immer verfügbar ist im Fall der Not. Die einfach und wirksam anzuwenden ist. Betrachten Sie dieses Buch als Erste-Hilfe-Koffer. Verwendbar ist alles hier drin für Frauen wie Männer.

Im ersten Teil des Buches erfahren Sie etwas darüber, warum die Eifersucht wieder so heftig zuschlägt und so viele krankmacht. Und wie Sie das Ausmaß Ihrer Eifersucht oder der Ihres Partners richtig einschätzen können.
Im zweiten Teil bekommen Sie praktische Ratschläge, wie Sie im Ernstfall umgehen mit begründeter oder unbegründeter Eifersucht.
Im dritten Teil geht es um die Wurzeln der Eifersucht. Und auch darum, was langfristig herausführt aus dieser Krankheit unserer Zeit.

Wer umgehen lernt mit Eifersucht, sei es die eigene oder die des Partners, den bringt sie nicht um. Denn Eifersucht in Maßen ist kein schädliches oder schändliches Gefühl. Sondern der Beweis dafür, daß Sie zu starken Empfindungen imstande sind. Daß sie noch brennen können. Vor Leidenschaft und vor Eifersucht.

Eva Gesine Baur

Eifersucht kann ein Zeichen großer, vereinnahmender Liebe sein. Sie kann Ausdruck eines schwachen Selbstwertgefühls sein. Oft steckt dahinter aber auch ein narzißtisches Problem, die Verletzbarkeit eines zu sehr um sich selbst kreisenden Ichs.

Die folgenden Seiten informieren Sie über

- die Hintergründe der Eifersucht
- die Persönlichkeitsstruktur von eifersüchtigen Menschen
- die Möglichkeiten der Selbstdiagnose

Ein Urgefühl kehrt zurück

Die neue, uralte Eifersucht

Der Fachmann äußerte sich angewidert über Eifersucht: *»Eifersucht (ist)... das anerzogene Produkt sozialrestriktiver Gesellschaftsordnungen.«*
Anders gesagt: das Ergebnis von Verhaltensnormen, die unterdrücken wollen. Das meinte der Sexualforscher Bornemann im Jahr 1979. Im Jahr 1995 brachte er sich um: Selbstmord aus Eifersucht. Seine viel jüngere Freundin hatte einen Mann in ihrem Alter dem greisen Sexualkundler vorgezogen.

Ein Comeback mit Wucht

In den siebziger Jahren, auch noch in den Achtzigern galt Eifersucht als Inbegriff der Spießigkeit, als Symptom engstirniger, bürgerlicher Besitzansprüche. In den Neunzigern jedoch bekannte sich in diversen Umfragen die deutsche Jugend zu einem sehr alten und plötzlich wieder modernen Wert: zur Treue. Kann sein, daß die Angst vor Aids diese Sehnsucht gefördert hat. Kann sein, daß Endzeitängste das Bedürfnis nach tröstlicher Geborgenheit haben wachsen lassen. Sicher ist: Zur Treue gehört Ausschließlichkeit und Ehrlichkeit. Wer das Gefühl hat oder die Sicherheit, der andere habe diese Werte verraten, dem wird die Basis des Lebens entzogen. Das macht jeden krank, manche verzweifelt und viele aggressiv.

Ein furchtbarer Zerstörungstrieb

Die amtliche Kriminalstatistik für das Jahr 1993 liest sich wie die Kurzfassung einer deutschen Eifersuchtstragödie. Wie die Gesellschaft für Rationelle Psychologie ermittelt hat, ist dort verzeichnet, daß in diesem einen Jahr 114 Männer und 22 Frauen aus Eifersucht einen Mord begangen haben.
45 081 Männer und 5459 Frauen haben aus Eifersucht eine Straftat begangen, von Nötigung bis zu schwerer Körperverletzung.
Die Kriminalstatistik verrät auch, daß 3676 Männner und 2512 Frauen, eifersuchtskrank zum Tode, versucht hatten sich umzubringen.
Und daß 488 Männner und 374 Frauen damit Erfolg hatten. Die Dunkelziffer der Gewalttaten aus Eifersucht soll noch erheblich höher sein.

Den Zahlen zufolge leben Männer ihre Eifersucht aggressiver aus als Frauen. Frauen fressen Wut und Haß eher in sich hinein. Aber die höhere Selbstmordquote der Männer zeigt, daß viele in ihrer Hilflosigkeit die Zerstörungswut gegen sich selbst richten.

Fragt sich nur: Warum kehrt die Eifersucht ausgerechnet jetzt mit solcher Wucht zurück? Wo wir uns doch freier fühlten, souveräner und selbständiger?

Verunsicherung aus der Freiheit

Rollenmuster sind starr. Normen engen ein. Abhängigkeiten machen unfrei. Aber all diese Begrenzungen geben auch ein Gefühl der Stabilität, ein, wenn auch trügerisches, Gefühl der Sicherheit und Berechenbarkeit. Die Frau an Herd und Wickeltisch war ein kalkulierbarer Faktor. Sie setzte ihre Ehe nicht aufs Spiel, weil sie damit ihre Existenz gefährdet hätte. So sah es aus, als noch in fast allen deutschen Haushalten der Mann der Versorger war. Als eine Frau, die sexuell zur Seite sprang, schuldig geschieden wurde und keinerlei Anprüche hatte.
Zwar begann sich mit dem neuen Scheidungsrecht etwas zu ändern, aber mehr äußerlich als innerlich. Die eigentliche Wende kam, als immer mehr Frauen berufstätig wurden. Nicht nur, daß sie damit finanziell unabhängig waren, sie hatten auf einmal mehr Gelegenheiten, andere Männer kennenzulernen.

Geschäftsreisen waren in den fünfziger, sechziger und siebziger Jahren reine Männersache. Aber das ist endgültig vorbei. Und damit auch die Zeit, als Männner wenig Anlaß hatten zur Eifersucht. Heute haben die meisten Frauen genausoviel Gelegenheit fremdzugehen wie die Männer. Und die allgemeine Verunsicherung, die das männliche Geschlecht dadurch erfährt, ist eine geeignete Basis für schnell aufschießende Eifersuchtsgefühle.

Sehnsucht nach Wärme

Cool zu sein galt als das erstrebenswerte Ziel in den achtziger Jahren. Das war mehr als eine Mode: Es war eine Schutzmaßnahme gegen die aggressiver werdende Umwelt. Denn wer sich eine Isolierschicht zulegt – so dachten wir zumindest – ist gefeit gegen die Temperaturschwankungen ringsherum. Ob es da kalt reingeht im Job, ob da nach heißen Diskussionen eiskalt entschieden wird: Wer sich mit Dämmstoff schützt, wähnt sich weniger gefährdet.
Das Hinterhältige an diesen Isolierungsmaßnahmen: sie funktionieren auch dann, wenn wir sie weder brauchen noch wollen. Auch im Umgang mit Freunden, mit Menschen, die wir lieben, sind wir kühler. Und sehnen uns doch um so mehr nach Wärme. Wir gehen auf Distanz und sehnen uns nach Nähe. Die Unfähigkeit, sich zu binden, die Schwierigkeiten, jemanden zu finden, haben deswegen zugenommen. Und viele, die einen Partner gefunden haben, sind erfüllt von der Angst, verlassen zu werden. Da treibt die Eifersucht aus wie ein bedrohter Baum: Angsttriebe werden solche Reaktionen in der Botanik genannt. Denn zu wissen, wie kalt es sein wird alleine, zu spüren, da geht etwas zu Ende und ich bin machtlos und kann nichts gegen dieses Ende tun – das jagt Panik ins Hirn und eine schmerzliche Energie in die Glieder. Wer eifersüchtig ist, fühlt sich ausgeliefert und ohnmächtig und weiß nicht, was er dagegen tun kann. Wie er umgehen soll mit dieser Mischung aus Liebe, Haß und Selbstzweifeln, und woher dieses Gefühl kommt, das sein Leben und seine Liebe zu zerstören droht.

Mangelndes *Selbstwertgefühl*, behaupten viele, Laien wie professionelle Lebenshelfer, sei schuld daran. Mangelndes Selbstwertgefühl treibe einen Menschen dazu, sich und dem Partner das Leben zu vergällen mit seiner Eifersucht. Doch eine wachsende Zahl von Menschen mit einem guten Selbstwertgefühl bekennt sich dazu, unter Eifersucht zu leiden. Die Gründe für die Eifersucht sind heute vielfältiger. Den möglichen Ursachen nachzuspüren, ist ein wichtiger Schritt, um das Leiden in den Griff zu bekommen.

Hintergründe für die neue Eifersucht

Eifersucht, das ist eben ein Phänomen unserer Zeit. Mit dieser Feststellung kann niemand etwas anfangen. Und denjenigen, den die Eifersucht gerade getroffen hat, macht so eine vermeintlich abgeklärte Feststellung rasend. Die Diagnose »zeittypisch« hilft nur dann weiter, wenn deutlich wird, was denn kennzeichnend für diese Zeit ist. Soziologisch, psychologisch, materiell, kulturell.
Denn so wie eine Krebserkrankung sich immer im schwächsten Organ einnistet, so ist es auch mit jeder der sogenannten Zeitkrankheiten: Sie setzen an der größten Schwachstelle an. Und da findet die Eifersucht heute besonders viele Ansatzpunkte.

Narzißmus

Analytiker sehen im Narzißmus die am weitesten verbreitete Störung unserer Zeit. Kein Wunder: Der Narzißmus hatte den allerbesten Nährboden, um zu gedeihen – gedüngt von den Ideen, Idolen und Idealen der achtziger Jahre.

Selbstverwirklichung als Lebenswerk

Selbstverwirklichung wurde damals zum einzig akzeptierten Lebensentwurf. Vor allem Frauen, die ihre Mütter maßlos bemitleideten, deren lebenslanges Dasein als Hausfrau und Mutter trostlos fanden, sahen ihr eigenes Lebensziel nur noch in der Selbstverwirklichung. Und zu dem Selbst, das sich da verwirklichen sollte, gehörte auf einmal sehr viel: Sie strebten das Ideal der Superfrau an, die ihr Leben so strategisch durchplant wie eine Großoffensive. *»Having it all«* hieß die aus den USA importierte Devise. Alles auf einmal haben: Kinder haben, Erfolg haben, einen gut verdienenden und gutaussehenden Mann haben – und fehlerfreie Schönheit.

Perfektionswahn

Die Möglichkeiten der plastischen Chirurgie steigerten bei Frauen, mehr und mehr auch bei Männern, die Vorstellung von der gnadenlosen Perfektion des Körpers. Der Machbarkeitswahn ergriff beide Geschlechter. Und das um so mehr, als Models zu den Idolen der Zeit aufstiegen, denen erst jetzt ganz allmählich die Entthronung droht. Bodystyling hieß eine verräterische Vokabel der Achtziger. Und genauso gestylt wurde die Persönlichkeit: windschlüpfrig und makellos. *Manager mit Bauch und ohne Geschmack? Von gestern.*
Das kleine Problem dabei: Wir hatten unser Ich-Ideal zu hoch angesetzt, so daß wir ihm ein Leben lang hechelnd hinterherkraxeln, ohne es je zu erreichen. Und eben das macht narzißtische

Menschen so anfällig für jede Art Kränkung: Mit diesem ungemütlichen Noch-Nicht-Erreicht-Gefühl im Bauch ist die leiseste Kritik wie ein Schlag in eben jene sensibilisierte Magengrube.

> Narzißmus bedeutet nicht übertriebene Liebe zu sich selbst. Narzißmus bedeutet, und nie wurde das deutlicher als in den letzten zehn Jahren, ein unsicheres Ich. Wie ein Betrunkener wankt es hin und her zwischen Selbstüberschätzung und Selbstzweifeln, zwischen Begeisterung von sich selbst und Haß auf sich selbst. Aber die Oberfläche, die muß glatt sein und auch die Klüfte und Abgründe einer Person überspannen.

Partnerwahl nach Plan

Teil des künstlichen Lebensentwurfs glatter Perfektion war und ist natürlich auch der passende Partner. Wie das Auto und die Wohnung ist er Beweisstück unseres Erfolges. Und wer in seiner Karriere einen großen Schritt nach vorne tat – was längst nur noch MEHR bedeutete, nicht BESSER – mußte konsequenterweise einen Partner, der nicht mitzog, abstoßen wie einen bereits überholten Computer. »Lebensabschnittspartner« nannten trendgemäße Autoren opportunistisch und beschönigend die austauschbaren Partnermodelle der Karrieristen und der manischen Selbstverwirklicher.

Sucht nach Selbstbestätigung

Im starken Ego liege das Heil, im mangelnden Selbstbewußtsein das Unheil, hieß es. Alle seelischen Probleme seien letztendlich auf mangelndes Selbstwertgefühl zurückzuführen. Eßsucht wie Magersucht und natürlich auch die Eifersucht.

Zugegeben: Innere Verunsicherung kann eifersüchtige Gefühle begünstigen. Denn wenn ich von mir wenig halte, erscheint es mir geradezu logisch, sogar zwingend, daß mein Partner sich etwas Besseres sucht. Aber häufig akzeptieren Menschen mit schlechtem Selbstwertgefühl eher leidend und duldend die Untreue des Partners.

Die ideale Voraussetzung für Eifersuchtsattacken bietet jedoch der Narzißmus. Denn er macht das sich selbst umkreisende Ich zunehmend anfällig für Kränkungen. Wie eine überzüchtete Hunderasse, die immer schneller krank wird, die im Herbstwind Schnupfen kriegt und die schließlich nur noch mit Filet zufrieden ist, schwächt auch der Narzißmus die Widerstandsfähigkeit und weckt einen nie zu stillenden Hunger auf die allerfeinsten Häppchen für die Selbstbestätigung.

Der Seitensprung, aber auch schon das offenkundige Interesse des Partners für einen anderen, betrachtet ein narzißtischer Mensch zuallererst als Angriff auf seine Person. Und dann beginnt er auf einmal, etwas zu taxieren, was viele Menschen ihren »Marktwert« nennen, ohne zu spüren, wie sehr sie sich selbst damit entwerten. Bei den quälenden Fragen, die er sich stellt, geht es vor allem um Äußerlichkeiten:

Beispiel
Bin ich denn nicht gut genug, ist eine andere Frau, ein anderer Mann besser?
Was bietet der oder die, was ich nicht auch hätte?
Sieht der andere schöner aus, schlanker, trainierter?
Verdient der Neue mehr, genießt die Neue mehr soziales Ansehen?

Daß ein Partner untreu wird, weil er bei einem anderen Menschen Qualitäten findet, die sich innere Werte nennen, ist gar nicht so selten – aber einer narzißtischen Persönlichkeit ist das völlig unverständlich.
Denn innere Werte, das ist ihr eminenter Nachteil, sieht man nicht.

Vereinzelung und Verständigungsprobleme

Nichts macht diese Zeitkrankheit besser vorstellbar als der Anblick eines Apartmenthauses: Die Fassade stimmt, die Einheiten dahinter sind funktionstüchtig und komplett ausgestattet mit allem, was das sogenannte Kommunikationszeitalter bietet. Fernsehen, Video, Telefon, Fax. Genauso die Bewohner: Jeder von ihnen funktioniert, hat alles, was er braucht, ist Teil eines großen ebenfalls funktionierenden Komplexes ... und fühlt sich doch nicht vollständig. Er verfügt über alle Kommunikationstechniken, aber die Kommunikation mit dem Nachbarn findet nicht statt.
Also entsteht statt Kommunikation ein Bild davon, was Miteinander bedeuten könnte oder sollte. Es ist ein Klischee, das die Wirklichkeit so nie bieten kann. Die Selbstdarstellung in Kontaktanzeigen entspricht ganz und gar dieser lebensfernen Vision, so als gäbe es den volkommenen Menschen, der nur durch niederträchtige Gemeinheit des Schicksals noch keinen angemessenen Partner gefunden habe.

Torschlußpanik

Viele Singles haben heute, und auch das ist ein auffallender Unterschied zu den Achtzigern, keine Lust mehr, ständig zu behaupten, wie herrlich und wunderbar ihr Einzeldasein sei. Die yuppiehafte Verklärung des Single-Lebens nimmt kaum mehr einer den Singles ab. Genau das Gegenteil davon ist mittlerweile üblich: Alleinlebende Menschen empfinden ihren sozialen Zustand zunehmend als Stigma. Und die Panik, die daraus erwächst, steht vielen in den Augen. Da haben wir mit großer Geste das Wort »Torschlußpanik« ausgemustert, denn so etwas durfte es ja gar nicht mehr geben. Gibt's aber doch.

Wer sich an den grandiosen Monolog erinnert, mit dem die weibliche Heldin den Doris-Dörrie-Film *Keiner liebt mich* beginnt, weiß, wie so etwas aussieht. Da spricht die Hauptdarstellerin, gerade erst dreißig, mit tränenfeuchten Augen in die Videokamera eines Partnerschaftsvermittlers. Als wäre das die letzte Chance, einem Leben einsamer Trostlosigkeit zu entrinnen. Und genau diese Panik, die es schwermacht, einen Partner zu finden, ist auch oft mit schuld daran, wenn er dann schließlich wieder vertrieben wird.

Angst vor der Einsamkeit

Denn die Angst, wieder in das Monadendasein zurückkehren zu müssen, macht aus Menschen, die sich beim Kennenlernen ungeheuer liberal und freizügig gegeben haben, oft solche, die klammern. Der Gedanke, den Partner zu verlieren, überlagert wie eine pampige, versalzene Sauce alles, was in einer Partnerschaft wohlschmeckend ist.
Und wer ständig auf leiseste Anzeichen achtet, die ein schwindendes Interesse des Partner signalisieren könnten, wird mißtrauisch und eifersüchtig: *»Plant der eine neue Partnerschaft und läßt mich wieder allein?«*

Diese Sorge schreckt und treibt manche freien Geister zu Kontrollmaßnahmen, die sie eigentlich widerlich finden. Und dieses Gefühl, gegen sich selbst zu agieren, gegen die eigenen Prinzipien, verstärkt noch die angstvolle Ausstrahlung. Sie wirkt wie eine pausenlose, wachsame Angespanntheit.
Und es gibt dann eben Menschen, die genau diese dauernde Habachtstellung des Partners schließlich provoziert zum ersten Seitensprung, der dann die latente Eifersucht rechtfertigt. Und sie beruhigen ihr aufsteigendes schlechtes Gewissen in bockiger Unlogik: *»Er/ sie verdächtigt mich ja eh. Soll er/ sie recht bekommen.«*

Du verstehst mich nicht

Das vielzitierte *»Du kannst mich einfach nicht verstehen«* ist in den letzten zehn Jahren zu der zentralen Anklage geworden, die Partner gegen Partner erheben. Und das Hauptargument für einen Seitensprung ist oft, daß es da einen anderen Menschen gebe, der einen besser verstehe.

Sicher hat auch eine Krankheit wie Aids, die den rein sexuellen Gelegenheitsbetrug seltener hat werden lassen, dazu geführt, daß viele hinter einem Seitensprung weniger äußerliche als seelisch-geistige Attraktion wittern. Es genügt oft schon, daß da jemand auftaucht, der sich mit dem Partner einfach gut unterhält, also gut versteht, um die blanke Eifersucht loszutreten. Und das, obwohl nichts heimlich geschieht.

Beispiele
Beide sind auf einer Party eingeladen und werden getrennt voneinander plaziert. Und plötzlich merkt sie, daß er, sonst der große Schweiger, an seine Tischdame große Dosen an Charme versprüht.

Oder er hört vom Ende des Raums die überbordend fröhliche Stimme seiner Gefährtin, die sonst so verhalten und melancholisch ist.

Er interessiert sich für klassische Musik, sie nicht. Und sie bekommt mit, wie er mit seiner Tischdame angeregt über späte Beethoven-Sonaten diskutiert oder die neueste Verdi-Einspielung von Domingo.

Sie begeistert sich für esoterische Disziplinen, ostasiatische Meditation und chinesische Gesundheitslehre, er findet das Humbug. Und erlebt, wie sie mit dem Fremden an ihrer Seite vertraut und inspiriert über genau das alles redet: von A wie Astrologie bis Z wie Zen.

Die rein geistige Intimität des Partners mit einem anderen kann sensible Menschen mindestens ebenso sehr eifersüchtig machen wie körperliche.

Das war noch anders zur Hochzeit des gebildeten Bodys und des körperbezogenen Materialismus der Achtziger, als die *Yuppies* für neue Statussymbolik sorgten. Da war es wichtiger, daß zwei Personen im Lebens-Styling zusammenpaßten, und weniger im Lebensinhalt. Da war die Frage des Selbstdesigns wichtiger als die des Selbstverständnisses und die des trendigen Auftritts im Jetzt bedeutender als die einer gemeinsamen Zukunft.

Doch jeder Mangel steigert die Sehnsucht nach dem, was fehlt. Und es waren Begegnung, Austausch und echte Nähe, die uns fehlten. Auch diese Sehnsucht ist eine neue Basis für die Eifersucht.

Glücksansprüche

Die Glücksforschung machte erst vor etwa zehn Jahren von sich reden. Wie geht Glück? Der Versuch, auf diese metaphysische Frage sehr pragmatisch zu antworten, machte einige der fundierten Glücksforscher, wie zum Beispiel Mihaly Csikszentmihalyi, berühmt. Der wahrscheinlich unbeabsichtigte Nebeneffekt des Versuchs, das Glück zu entmystifizieren: Bei uns setzte sich die Vorstellung fest, jeder Mensch habe einen Anspruch auf Glück. *»Pursuit of happiness«*, wie es das amerikanische Grundgesetz seinen Staatsbürgern vollmundig zugesteht. Aber genausowenig wie diese pathetische Zusicherung irgend etwas bringt, ist ein Pochen auf dem Glücks-Pflichtteil erfolgreich. Trotzdem ist die fixe Idee, das vollkommene Glück sei sozusagen eine Grundabgabe, die das Leben an jeden Menschen zu leisten habe, eingedrungen in die Köpfe. Und wer sich ständig fragt: *»Bin ich nun glücklich oder doch nicht so ganz?«*, der landet so gut wie immer bei *»doch nicht so ganz«*.

Geben wir es ruhig zu: Sich selbst mangelnde Begabung zum Glücklichsein zu bescheinigen, das ist eine Leistung, die nur wenige vollbringen. Viel leichter fällt es da, den Partner dafür verantwortlich zu machen. Dessen mangelndes Engagement, dessen mangelnde Zuwendung. Und weil sich dieses Mangeln irgendwo herleiten muß, taucht im Kopf des Glückssuchers plötzliche eine glücksverderbende Konkurrenz auf. *»Da muß es jemanden geben, der uns unser Glück nicht gönnt.«*

Aus der Suche nach dem Feind von außen wird unversehens der Feind von innen geboren: eine dauernde, brodelnde Eifersucht, die jederzeit ausbrechen kann.

Das genormte Glück

Die Besessenheit von der Idee, es müsse ein absolutes, von jeder Verunreinigung freies, wasserabstoßendes Glück geben, kann auch aus einem anderen Grund die Eifersucht fördern: Auf einmal bilde ich mir ein, mein Partner sei nicht derjenige, der mir bestimmt sei. Da warte irgendwo der maßgeschneiderte Mann, die maßgeschneiderte Frau fürs Leben. *Reinschlüpfen, und alles sitzt wie angegossen.*

Daß Liebe Arbeit macht und auch das beste Paar sich zusammenleben und zusammenlieben muß, das paßt nicht zu der eben doch stark von Hollywood-Seifenopern inspirierten Glücksvorstellung.

Und das spürt der Partner natürlich: Er merkt, der andere ist innerlich auf Suche, er hält heimlich Ausschau.

Berufliche Nöte

Das Berufsleben ist in allen Branchen hierzulande härter geworden. Sehr viel härter. Je mehr die Angst vor beruflicher Entwurzelung wächst, desto wichtiger wird die Ausgeglichenheit und Geborgenheit im privaten Leben.
Soweit eine Binsenweisheit.
Das Problem dabei: berufliche Beobachtungen, Erfahrungen und Enttäuschungen werden übertragen auf das, was zu Hause vorgeht. Wer im Job Opfer von Intrigen wird, hintergangen, ausgetrickst und ausgenutzt, bildet sich irgendwann ein, es gehe daheim auch nicht anders zu.

Beispiele

Wer weiß, was sie den ganzen Tag treibt, wenn sie angeblich mit den Kindern unterwegs ist oder mit ihrem Kollegen auf Geschäftsreise.

Nachdem in seinem Betrieb die Kollegin die neugeschaffene Traum-Position bekam, weil sie den Avancen des Chefs nachgegeben hatte, warum sollte nicht auch seine Frau, der so viel liegt an ihrer Karriere, mit ihrem Chef ein Verhältnis haben?

Die berüchtigten Überstunden, die durch die aktuelle Arbeitsmarkt-Situation mehr und mehr zum freiwilligen

Muß werden: sind sie nun echt oder eben auch das, was sie in schlechten Filmen und Büchern sind?

Gerade weil der Partner für das innere Gleichgewicht so unersetzlich ist, wird er oft eifersüchtig überwacht. Und manche Menschen, die sich von einem stärker belasteten Partner als seelische Wiederaufbereitungsanlage ausgenutzt fühlen, entziehen sich diesem Zustand dann tatsächlich durch Seitensprünge.

Es ist wichtig für eine Beziehung, die weiterwachsen will, daß die Partner sich offen austauschen über das, was sie erleben, was sie bedrückt oder erfreut. Doch wenn die Abende nur noch mit Klagen erfüllt sind, mit Diskussionen über Kollegenmißgunst, betriebliche Maßnahmen, Karriere-Strategien und berufliche Fallen, lassen sie das vermissen, wonach wir, da hilft kein Leugnen, wieder so hungrig geworden sind: Romantik.

Viele Menschen springen zum ersten Mal zur Seite, weil sie dort das romantisch leuchtende, von Banalitäten (vorerst) noch verschonte Liebesglück zu finden hoffen, das es ihnen leichter macht, den gemeinen, grauen Alltag zu überstehen.

Endzeitängste

Alle Jahrhundertwenden wieder: Es tauchen in den selben Regionen der Welt die selben Phänomene auf. Die Menschen blicken, je näher das Ende eines Jahrhunderts heranrückt, um so ängstlicher und sorgenvoller in die Zukunft. Ob es sich mit diesen Endzeitängsten so verhält wie mit einer *selffulfilling prophecy*, also wie mit Vorhersagen, die sich bewahrheiten, weil es das Unbewußte so will, oder ob es zyklische Erscheinungen sind, darüber gehen die

Meinungen auseinander. Denn so wie Paare scharf beobachten, ob ihr siebentes Jahr nicht doch zum verflixten werden könnte, Frauen vor der Monatsblutung in sich hineinhorchen, ob sie nicht doch etwas depressiver sind, und Männer sich pünktlich zum 40. Geburtstag fragen, ob ihre miese Stimmung vielleicht der Anfang einer Midlife-crisis sein könne, legt auch die große Zeitenwende Interpretationen und sicher auch Projektionen nah.

Das Jahrhundertwendenphänomen

1988 stellte das Forschungsinstitut Emnid den Bundesbürgern die Frage: *»Finden Sie, daß die Verhältnisse in Deutschland Anlaß zur Beunruhigung geben?«* Damals antworteten 32 Prozent mit Ja. Fünf Jahre später waren es 65 Prozent, heute sind es noch mehr. Wie vor der letzten, der vorletzten, der vorvorletzen Jahrhundertwende sind auch in diesem Jahrzehnt wieder gesellschaftliche Erscheinungen zu registrieren, die ganz allgemein in dem Begriff Endzeitangst zusammengefaßt werden. Diese Angst vor der Unwägbarkeit eines neuen Zeitabschnitts zeitigt ganz unterschiedliche Wirkungen: Untergangsvisionen geistern mehr denn je durch Philosophie und Kunst, die Flucht in rettungsverheißende Sekten nimmt zu, ebenso wie das Interesse an übersinnlichen Phänomenen.

Der Wandel der Werte

Beruhigende Werte, zuvor noch als spießig verschrien, als reaktionär verspottet, werden wiederbelebt. Treue, in den Siebzigern noch als eine Forderung verspießerter Ewiggestriger verpönt, ist wieder modern. Kinderbekommen ist in den Neunzigern zu einer neuen Form des Bekenntnisses geworden: zu einem Bekennntnis zu anderen Werten als den rein egozentrischen.
Alte Werte, die wie stabile, tragende Konstruktionen wirken inmitten der zerbröselnden Strukturen, inmitten des mürbe gewordenen sozialen Gebildes, werden wiederbelebt, denn sie bannen die Angst vor dem Absturz ins Haltlose, ins Ungewisse eines neuen Jahrhunderts, jetzt sogar Jahrtausends.

Ein Partner, der als »fest« gilt und sich als »unfest« erweisen könnte, ist mehr als nur ein Mensch, der sich entfernt. Er wird zum Sinnbild eines drohenden Zusammenbruchs. Das mögliche Ende einer Beziehung wird vergrößert auf das drohende Weltenende. Plötzlich wird das persönliche Schicksal verbunden mit dem des Planeten, der persönliche Verlust wird überinterpretiert. Und damit wächst auch die Energie, mit der dieses Ende verhindert werden soll, ins Unangemessene. So gedeiht eine Eifersucht von tiefgreifender Bedeutung. Und ungeahnten Auswirkungen.

Zuflucht in der Partnerschaft

Menschen, die diese Endzeitangst packt – und das sind oft die sensibleren, mit Sensoren für Alarmsignale und einem Herz, das leiden kann an der Welt – sehen, sicher zu Recht, in der heilen privaten Welt das letzte Reservat, in dem die drohenden Katastrophen der großen Welt überstehbar sind.

Beispiele

Wer mit seinen Kindern spielt, vergißt darüber alle die Kriege und Gemetzel auf dem Planeten.
Wer mit seinem Partner ein Liebeswochenende verbringt, vergißt die atomare Bedrohung.
Bei einem friedlich-genüßlichen Abendessen denkt keiner ans Ozonloch.

Aber je mehr dieses Glück befrachtet wird mit Bedeutungen, desto verheerender wird sein Zusammenbruch erlebt. Und weil Menschen, die seelisch so empfindsam sind, das unbewußt spüren, neigen sie dazu, dieses Reservat abzudichten gegen Einflüsse von außen, als könnten sie es dadurch bewahren vor dem, was den Planeten und seine Bewohner bedroht. Das sieht im Extremfall dann so aus, daß die Wohnung zum Bunker wird: wenig Freunde, wenig ausgehen, wenig reinlassen an neuen Gedanken. Und ausgerechnet daran zerbricht es oft, das sorgsam gehütete Glück. Dann nämlich, wenn der Partner sich gefangen fühlt, klaustrophobisch wird, raus will aus dem Nest, das er längst als Gefängnis empfindet.

Je heftiger dieser Partner signalisiert, daß er der partnerschaftlichen oder auch familiären Enge entrinnen will, desto eifersüchtiger wird der andere. Und schließlich wird aus der zuerst noch gemäßigten Lust des einen, sich nach außen hin zu öffnen, eine wilde Gier, auszureißen, je mehr der andere abschottet.

Leiden an der Eifersucht

Erst großer Zeitdruck zwingt viele zum Vollenden eines Auftrags.
Erst schwerer Leidensdruck nötigt Leidende, Rat und Hilfe zu suchen.
Viele Eifersuchtskranke leiden Jahre, Jahrzehnte an ihren Gefühlen, an der Einbildung, hintergangen zu werden, oder unter einem Partner, der sie unübersehbar betrügt. Aber sie schämen sich dieser Regungen, sie reden nicht darüber, wie sehr es die Liebe beschädigt und ihr Leben.
Weil sie nicht zu ihrer Eifersucht stehen können, haben sie auch nicht die Kraft, aus einer längst unglücklich gewordenen Beziehung auszubrechen. Oder Maßnahmen zu ergreifen, eine noch zu rettende zu retten.

Beispiele
Da geht ein Mann jahrelang fremd, belügt seine Frau, weiß, daß sie die Wahrheit ahnt. Und hält sie sich als stille Reserve. Und die Frau ihrerseits unterdrückt ihren Haß auf ihn, weil sie meint, ihn nur so doch noch halten zu können und vielleicht zurückzugewinnen.

Da hat er eine neue Geschäftspartnerin, die äußerst attraktiv ist, oder sie einen neuen Kollegen, der in den Augen ihres Mannes blendend ausschaut, und keiner gibt zu, daß ihn plötzlich Eifersucht beutelt, sondern frißt dieses gallebittere Gefühl in sich hinein.

Da bildet sich ein Mann ein, seine Freundin habe einen anderen nebenher, aber er kann es mit seiner Vorstellung von Mannesehre nicht vereinbaren, ihr zu gestehen: »Ich bin maßlos eifersüchtig und weiß nicht einmal, ob Du etwas mit diesem Typen hast.« Er bekommt Magenbeschwerden, wird gereizt und unduldsam. Und sie versteht nicht, warum.

Wer runter will von diesem Weg, der langsamer oder schneller ins Unglück führt, für den ist es wichtig, erst einmal neben sich zu stehen und eine sachliche Selbstdiagnose zu erstellen.

Selbstdiagnose

Die folgenden Fragen können Ihnen helfen, klarer zu sehen, wie heftig die Eifersucht Sie erwischt hat. Und sich bewußt zu werden, wie stark Sie gefährdet sind von dieser Krankheit.

Überlegen Sie
• Ist es das erste Mal, daß die Eifersucht Sie packt, oder haben Sie sich schon dran gewöhnt, daß dieses Gefühl sie beutelt, verfolgt und peinigt?

• Haben Sie aus Eifersucht schon Aktionen unternommen, in denen Sie sich gefühlt haben, als stünden Sie unter Drogen? Aktionen, die Ihnen nüchtern betrachtet völlig irrsinnig erscheinen und bei denen Sie sich eigentlich lächerlich vorkommen? Im Auto zu sitzen bei Eiseskälte und zu warten, bis jemand aus der Haustür kommt? Auf einen Baum zu klettern, um ein Fenster zu observieren?

• Gibt es Situationen, in denen Sie aus Eifersucht Ihre ganze Erziehung vergessen und Ihre Beherrschung verlieren? Haben Sie schon mal anonyme Kontrollanrufe gemacht, anonyme Briefe geschrieben oder einen Menschen aus Eifersucht körperlich angegriffen?

• Oder plagt Sie lediglich das dringende Bedürfnis, solche oder ähnliche Dinge zu unternehmen, blindwütig um sich zu schlagen oder Hals über Kopf die Koffer zu packen, obwohl Sie all solche Aktionen abstoßend finden?

Wenn Ihnen diese oder ähnliche Empfindungen und Reaktionen vertraut sind, dann ist es wichtig, daß Sie sich gründlich auseinandersetzen mit den quälenden Gefühlen. Und mit Hilfe dieses Buchs können Sie erste Strategien entwickeln, wie Sie sich rechtzeitig einbremsen können.
Denn Eifersucht hat einen eskalierenden Charakter. Wer das erlebt, fühlt sich wie ein Kind, das den Berg hinunterrennt und es nicht mehr schafft, stehenzubleiben vor der großen Straße, obwohl es weiß, wie gefährlich die ist.

Wo liegen die Ursachen?

Besonders schwer zu beantworten ist die Frage:
• Ist meine Eifersucht begründet oder grundlos? Denn ein stark zur Eifersucht neigender Mensch sieht bereits dort einen Anlaß, wo andere ganz ruhig bleiben und keinerlei Unrat wittern.

Und schmerzlich, aber unumgänglich ist es auch, sich zu fragen:
• Gibt es wirklich diese tiefe Unsicherheit in mir, dieses geschädigte Selbstwertgefühl, diesen Humus der Selbstzweifel, auf dem Eifersucht so besonders gut gedeiht?

• Oder sind es ganz andere Gründe: meine Angst vor der Zukunft, meine Unselbständigkeit, meine finanzielle Abhängigkeit vom Partner, meine Angst vor der Einsamkeit, meine Sorge um die Kinder, mein eigener Hang zur Untreue?
• Bin ich narzißtisch veranlagt?
• Habe ich Schwierigkeiten, mit meinem Partner über meine Gefühle, Erfahrungen und Ängste zu reden?
• Habe ich je versucht, daran etwas zu ändern?

Wie jede Sucht ist auch die Eifersucht nur zu beherrschen, wenn vor allem eines vorhanden ist: der Wille, es zu schaffen.

Eine zerstörerische Sucht

Eifersucht ist eine Sucht, und sie ist selbstzerstörerisch. Fragt sich nur, in welchem Ausmaß. In welchen Fällen kann ein Eifersüchtiger versuchen, sich selbst zu helfen, und ab wann sollte er einen Therapeuten aufsuchen?

• Wenn das Bedürfnis, von der Eifersucht loszukommen, stark ist und das innere Gefühl, es schaffen zu können, vorhanden, dann kann die Selbsthilfe funktionieren.

• Wenn es einen konkreten Grund für die Eifersucht gibt, dann heißt es erstmal, die Verletzung zu überwinden. Auch in dieser Phase kann dieses Buch helfen.

• Wenn es eine latente Eifersucht ist, die zwar dauernd schwärt und gärt, aber sich eher in *overprotection*, im zu heftigen Behüten des Partners, zeigt als in Verfolgungen, und wenn diese latente Eifersucht nur in ganz bestimmten Situationen ausbricht, die Sie schon ahnen und kennen, dann finden Sie in den folgenden Kapiteln Hilfestellungen, wie Sie damit besser zurechtkommen.

Gefährliche Krankheit

• Aber wenn es sich um eine Eifersucht handelt, die das ganze Leben bestimmt und vergällt, die die Alltage und Sonntage, die einsamen wie die zweisamen Nächte beherrscht –
• wenn diese Eifersucht sich nicht nur gegen den Partner richtet, sondern auch gegen Kollegen und Freunde, gegen die eigenen Kinder sogar –
• wenn diese Eifersucht regelmäßig eskaliert in aggressiven Zerstörungsakten, wenn sich da ein Mensch die Haare zerschneidet im Eifersuchtsanfall, das Gesicht oder die Kissen, wenn er ein Auto gegen die Garagenmauer donnert oder Geräte zerschlägt, wenn der Partner mit üblen Wörtern beschimpft oder harten Gegenständen beworfen wird –

• und wenn diese Sucht kombiniert mit anderen auftritt, mit Freßsucht oder Magersucht, mit Alkoholsucht, Nikotinsucht, Drogensucht –
dann gibt es nur einen Weg: den Weg zum Therapeuten.

Denn in solchen schweren Fällen ist die Eifersucht eine Krankheit. Und, so dramatisch und übertrieben es klingt: oft eine Krankheit, die zum Tode führt. Warum? Weil der Eifersüchtige in eine ausweglose Situation gerät, in ein Netz aus Rache- und Schuldgefühlen, aus Haß und Liebeshunger, aus dem er sich zu guter Letzt nur noch befreien zu können glaubt durch einen wahnwitzigen Gewaltakt, der sich gegen das eigene Leben oder gegen das von anderen richten kann.

Die Wurzeln der Eifersucht

Diese im eigentlichen Wortsinn krankhafte Eifersucht hat Wurzeln, die tief in der Kindheit gründen.
Oft war es der Kampf um die Mutter oder den Vater, der Kampf gegen ein Geschwisterchen, das bevorzugt wurde. Da gibt es den Halbbruder oder die Halbschwester von einem anderen Vater, den die Mutter mehr zu lieben schien.

Da gibt es den zweiten Mann oder die zweite Frau, die für Kinder zur eifersüchtig verfolgten Konkurrenz wird, zum Eindringling, der die Zuneigung stiehlt. Und später zur tiefsitzenden Ursache für dauernde Eifersucht auf allen und jeden.

Menschen, die an krankhafter Eifersucht leiden, sind auch deswegen gefährdet, weil ihr Verhalten für ihre Umgebung immer weniger tragbar wird, und sie Gefahr laufen, über kurz oder lang zu vereinsamen.
Diese Eifersucht äußert sich auch in Mißgunst und Neid. Sie zeichnet sich ins Gesicht, sie hinterläßt Gramfalten und Spuren im Organismus.
Eifersucht als eine psychosomatische Erkrankung manifestiert sich oft in Magenproblemen bis hin zu Gastritis und Geschwüren.

Kompetente Hilfe

Eine oberflächliche Behandlung der Eifersuchtssymptome bringt in diesen Fällen keine Heilung. Hier hilft nur eine analytische Behandlung, die aufdeckt, was verschüttet wurde, die aus dem Unbewußten hervorholt, was verdrängt worden ist.
Eine solche Behandlung verlangt allerdings Zeit und Geduld. Sie werden Kraft und Engagement brauchen für die Seelenarchäologie, denn es treten natürlich viele Erlebnisse zutage, deren Bewußtwerden weh tut. Es werden auch viele Einsichten unumgänglich, die schmerzlich sind. Und oft führt eine tiefenpsychologische Therapie dazu, daß derjenige, der sich ihr unterzieht, sein Leben entscheidend ändert.

Ungeachtet dieser Risiken und Unwägbarkeiten bedeutet eine gute, anerkannte Therapie für jeden, der an Eifersucht schwerkrank ist, die einzige Rettung.

Warum können Menschen, die an krankhafter Eifersucht leiden, es nicht aus eigenen Kräften schaffen?
Weil sie wie jeder schwer Suchtkranke zwar den Willen hätten, aber die Sucht stärker ist als alle Vernunft und alle Argumente. Und weil sie wie jeder Suchtkranke die vermeintliche Befriedigung genießen, die der Suchtstoff, der ihr Leben vernichtet, ihnen immer wieder und wieder zu geben imstande ist.

Wer gerade entdeckt, daß der Partner fremdgeht, hat das Gefühl, seine Welt bräche zusammen, und er braucht Erste Hilfe, damit er wieder sicheren Boden unter den Füßen findet.
Wenn einen Menschen oder seinen Partner grundlos die Sucht, die Eifersucht packt, die sich der Droge Mißtrauen bedient, dann findet er in diesem Notfallkoffer das richtige Verbandsmaterial. Und Medikamente mit Langzeitwirkung.

Erste Hilfe bei Eifersucht

Wenn der Partner fremdgeht

»Hoffentlich ist es Beton!«
Das seufzen alle in ihre Sprechblase, die in den Anzeigen deutscher Betonhersteller schwindelerregende Brücken überqueren oder, von Monstern bedroht, hinter Burgmauern zittern.
»Hoffentlich ist es Beton!«
Das seufzen die meisten von uns sehnsüchtig, wenn sie eine feste Beziehung eingehen. Wobei schon der Ausdruck »feste Beziehung« unsere geheimen Wünsche verrät:
»Hoffentlich,« denken wir, *»kann nichts auf der Welt unser gemeinsames Gebäude erschüttern.«*
Oft ist es jahrelang stabil. Hält Anfechtungen stand, wankt nicht mal unter schwerer beruflicher Belastung oder dem Druck, den Familienmitglieder darauf ausüben.

Der Schrecken, nichts gemerkt zu haben

Und dann plötzlich die Katastrophe. Die Erde bebt, das Gebäude wankt, alles droht zusammenzukrachen. Wie eine Naturgewalt bricht es aus dem heraus, der sein Glück und seine Liebe verraten sieht. Sturzfluten von Tränen, innere Beben, die den Körper schütteln bis zur völligen Erschöpfung. Tagträume und Nachtträume, alles Alpträume, irren verwüstend durch die Seele. Das ist in diesen Augenblicken die private Apokalypse, der individuelle GAU – das größte annehmbare Unglück. Das Zynische daran ist, daß andere, sogar Freunde, gar nicht begreifen, welches Ausmaß die Katastrophe hat. Sie relativieren alles.

Plötzliche Erkenntnis

Aber für den, den es trifft, geht es hier um etwas Absolutes. Wie ein grelles, gräßliches Wetterleuchten gefilmte oder gemalte Untergangsszenarien erhellt, in Sekundenbruchteilen, so ist es auch bei der Eifersucht: Die Sekundenbruchteile, in denen sichtbar wird, daß mein Partner mich betrügt, erhellen schlagartig alle möglichen Szenen, die vorher im Dunkeln lagen.

Beispiele

Da erinnert sie sich auf einmal an das letzte Weihnachten, als er gar nicht bei der Sache war, nicht einmal bei den Kindern, sondern ganz geistesabwesend wirkte. Und dann plötzlich ein ganz ungeheuer dringendes Telefonat führen mußte.

Er denkt plötzlich an den Abend, als er heimkam und sie viel zu laut Musik hörte, für die sie sich vorher nie interessiert hatte. Sufi-Musik oder Funk oder italienische Oper – egal. Und wie sie ganz andächtig und gedankenverloren lauschte.

Da riecht er auf einmal wieder diesen fremden Geruch auf ihrer Haut, ein bißchen Zigarrenduft (in einem Nichtraucherhaushalt), gemischt mit einem Männerparfum. Und wie sie, ohne ihn anzusehen, behauptete, sie habe heute ein Parfumpröbchen an sich ausprobiert und im Café neben einem Raucher gesessen.

Da blitzt es in ihrer Erinnerung auf, wie er, der jedes Kilo zuviel an ihr moniert hatte, meinte, sie solle doch diesmal die Frühjahrsdiät bleiben lassen und sich keinen Streß damit machen.

Wer ohne Arg

Die Eifersucht trifft die am schlimmsten, die vorher ohne Mißtrauen waren. Enttäuschtes Vertrauen sorgt für einen tieferen Absturz als bestätigtes Mißtrauen. Wer sich schon auf einem unsicheren Gelände wähnte, hatte Anlaß und Zeit, über Rettungsmöglichkeiten nachzudenken: Wo halte ich mich fest, wo springe ich hin, wenn unter meinen Füßen der seelische Erdrutsch beginnt? Wer aber glücklich und unbesorgt lebte, sich absolut ungefährdet fühlte, den reißt es hinunter in die Tiefe schmerzlicher Enttäuschung.

Wenn der ganze Schwindel aufkommt

Es sind nur Sekundenbruchteile. Aber sie scheinen endlos. Die Situationen, die die Wahrheit so schonungslos hell beleuchten, sind immer wieder die gleichen. Und die natürlichen Reaktionen darauf sind meistens sehr ähnlich - und sehr schädlich für alle Beteiligten. Nur wer bereits im ersten Augenblick richtig reagiert, verhindert die jähe Eskalation der Eifersucht.

Auch wenn in den folgenden Beispielen, die jene Sekunden der Wahrheit illustrieren, einmal von ihr, einmal von ihm die Rede ist, sind alle Situationen mit umgekehrten Vorzeichen genauso denkbar. Frauen betrügen ihre Partner heutzutage wesentlich häufiger, als es noch ihre Mütter taten. Sie sind auch weniger bereit, die Seitensprünge ihrer Männer still duldend hinzunehmen. Es geht hier um die heftigen Gefühle, die jeder kennt, der erfährt oder entdeckt: *»Mein Partner hat jemand anderen.«*

Haß

»Ich fahre über das Wochenende zu meiner Mutter«, sagt er. Sie ist ganz froh, daß er solche Besuche alleine erledigt, weil ihr Verhältnis zur Schwiegermutter nicht eben innig ist. Und dann muß sie ihn auf einmal dringend erreichen. Der Chef braucht ihn, oder ein Heizungsrohr ist gebrochen oder das Kind gestürzt. Sie ruft bei der Schwiegermutter an. Am anderen Ende der Leitung Erstaunen. Nein, er sei nicht da. Er wollte auch gar nicht kommen, sondern habe erzählt, er verbringe ein paar Tage mit ihr, seiner Frau, in Paris.
Sie spürt die Kraft aus ihrem Körper fallen und gleichzeitig einen unsäglichen Haß in sich aufsteigen. Einen Haß, den sie am liebsten sofort herausbrüllen würde und an der Schwiegermutter auslassen. Ihr die Schuld dran geben, daß er fremdgeht, ihr vorwerfen, sie habe die Beziehung ja nie gern gesehen. Außerdem habe sie den Dreckskerl in die Welt gesetzt.

Aggression

Er kommt überraschend früher nach Hause von einer Geschäftsreise, am späten Vormittag. Zu Hause ist keiner. Sie ist in der Arbeit. Aber die Wohnung ist voll von Spuren einer Nacht zu zweit. Im Bett haben einwandfrei zwei Leute geschlafen, zwei Champagnergläser stehen daneben am Boden. Es riecht noch nach Liebe im Schlafzimmer und nach einem Herrenduft, der bestimmt nicht seiner ist. Und schließlich findet er unterm Bett noch einen Knopf, der mit Sicherheit zu keinem seiner oder ihrer Kleidungsstücke gehört. Es ist für ihn, als habe ein schwerer Einbruch stattgefunden: ein Einbruch in die Intimsphäre.
Hätte sie sich mit dem Typen nicht wenigstens in irgendeinem Hotel treffen können! Aber ausgerechnet hier, in dem Bett, in dem sie so viele Nächte zusammen verbracht haben. Schönen Sex gemacht haben. Am liebsten würde er jetzt sofort zu ihr ins Büro fahren und, meinetwegen vor Kollegen, das wäre ihm völlig egal – wer weiß, ob nicht einer davon der Einbrecher ist –, diese Hure bloßstellen. Dieses verlogene Flittchen runtermachen, ihr die Schlüssel vor die Füße schmeißen und vielleicht noch hinterdreinspucken. Denn ihm ist, als sei nicht nur er verraten worden, sondern eine lange Geschichte, die einmal Liebe war.

Trennungsgedanken

Sie ist beruflich unterwegs. Sagt ihm wie immer den Namen des Hotels, in dem sie übernachtet. Er ruft abends dort an, und an der Rezeption wird ihm gesagt: Madame sei irgendwo im Restaurant, aber Monsieur sei auf dem Zimmer. Ob er mit ihm sprechen wolle. Er glaubt erst, sich getäuscht zu haben. Da müsse es sich um eine Verwechslung handeln. Nein, bestimmt nicht, die blonde Madame und der Monsieur seien hier oft zu Gast. Ob er nun den Monsieur sprechen wolle?

Sprechen? Am liebsten durchs Kabel so fertigmachen, daß er tot umfällt, falls er nicht im Bett liegt. Und dann sie holen lassen, anbrüllen, ihr mit Selbstmord drohen ... Daheim am nächsten Tag ein neues Schloß einbauen lassen, sofort zum Scheidungsanwalt gehen und sämtliche gemeinsamen Freunde anrufen und denen sagen, was für ein mieses Stück sie sei.

Selbstzerstörungswut

Sie räumt auf. Spielzeug von den Kindern, seine Socken, die er wie immer irgendwo im Wohnzimmer hat liegenlassen (linksherum). Hängt sein Jackett, das er mal wieder nur über einen Garderobenhaken gestülpt hat (wovon es schon eine Beule hat zwischen den Schultern), auf einen Bügel. Die Hose, die er wie üblich über den Stuhl im Schlafzimmer geschmissen hat, faltet sie im Bug und schaut nach einem leeren Hosenklemmer, da fällt aus der Tasche eine Janosch-Karte. *»Ich liebe dich«*, steht unter dem kleinen Hasen, *»und kann ohne dich nicht leben.«* Hinten drauf nichts als ein Lippenstiftkuß und drunter ein *G.* All ihre vielgelobte Geduld blättert ab. Ihre Beherrschung löst sich auf. Und sie steht da in nackter Wut. Da hat er sie ins Hausfrauendasein gedrängt, da hat sie ihren Beruf aufgegeben für ihn, ihre Hobbys, auch viele Bekanntschaften. Und das ist der Dank. Sie rennt ins Bad, sieht ihr nicht mehr junges Gesicht und will es zerkratzen, blutig kratzen. Sie will den Spiegel zertrümmern, der ihr das alles zeigt. Oder das gesamte Inventar der Wohnung. Soviel Haß, daß sie kaum mehr an sich halten kann. *»Du bist schuld«*, will sie schreien, *»du, du, du!«*

Lust auf den Skandal

Er geht mit Gästen seiner Firma mittags essen – zu einem Italiener, den ein Besucher vorgeschlagen hatte, nicht in der Nähe des Betriebs, aber bekannt, gut und kuschelig. Er sitzt mit Blick zur Tür. Die Runde ist bereits beim Kaffee, da kommt, kichernd und schmusend ein Pärchen herein, in enger Umarmung, typisch frisch Verliebte. Und die frisch verliebte Frau kommt ihm äußerst bekannt vor.
Nur der Gäste wegen bleibt er sitzen, aber er fühlt sich, als sei seine Körpertemperatur schlagartig auf 40 Grad gestiegen, als sei sein Gesicht glutrot, als zittere er so, daß jeder am Tisch es merken müßte. Aber die Geschäftspartner reden weiter wie gehabt.
Er sieht, wie seine Frau sich mit ihrem Liebhaber in ein besonders lauschiges Eckchen setzt; sieht, wie der Kellner zwei Gläser Prosecco bringt, wie die beiden um die Tischecke herum turteln. Aufstehen, Stühle umkippen, einen Skandal provozierend hinrasen, sie ohrfeigen, ihn am Revers packen, durchschütteln, rausschmeißen. Sie mit eisernem Griff um den Arm packen und abführen wie eine Gefangene.
Alles das läuft in ihm ab in den Sekunden der Wahrheit.

Selbstmordphantasien

Sie will ihm zu Weihnachten ein schönes Fotoalbum vom letzten Jahr kleben. Vom Urlaub in Griechenland, von den Kindern, von der Party zum zehnten Hochzeitstag, von dem Skiausflug an Sylvester. Irgendwo waren da doch noch Filme rumgelegen, irgendwo hatte sie da doch neulich an einem Platz, wo sie eigentlich nicht hingehören, eine Fototasche gesehen. Aha, genau, im Bücherregal in seinem Arbeitszimmer. Waren nach hinten gefallen, als sie dort etwas gesucht hatte.
Ja, in dieses Regal hat sie sie auch wieder zurückgelegt. Eigenartig, diese Bilder hat er ja gar nicht dort entwickeln lassen, wo sie normalerweise ihre Filme hinbringen. Sie hält die Streifen gegens Licht. Genau, da ist sie mit den Kindern am Strand, und da sitzen sie in der Taverne.
Und wer ist das?

Am Ende des Streifens sieht sie ein Bild von einer Frau, dunkelhaarig, auf irgendeinem Felsen sitzend, in Pose. Kommt ihr völlig unbekannt vor. Und noch ein zweites, wie diese einen Mann umarmt.
Im Schnelldienst Abzüge bestellen. Am selben Tag noch holt sie im Fotogeschäft die Wahrheit ab. Kaum aus der Tür reißt sie die Tüte auf: eine rassige Frau, die ihren Mann innig anlächelt. Aber wer ist das? Auf demselben Streifen, auf demselben Film wie die Urlaubsfotos?
Und dann zuckt es wie jähe Übelkeit durch ihren Leib: Mein Gott, er mußte damals doch so schrecklich dringend und überraschend direkt nach den Familienferien nach Italien. Geschäfte. Schwer erreichbar werde er sein, hat er gesagt. Sie solle sich besser gar nicht abmühen, ihn zu erreichen, er melde sich schon.
Sie steht auf dem Gehsteig und meint, der Boden schwinde unter ihren Füßen. Die Autos donnern vorbei, und es überfällt sie ein jähes Bedürfnis, sich einfach unter irgendeines der Autos zu werfen. Aus.

Wut auf Unbeteiligte

Sie trifft sich mit zwei Freundinnen zum Kaffee. Es ist schön, vertraut wie immer. Aber ihre Freundinnen wirken irgendwie verspannt. Sie schiebt es auf den Streß, den sie zur Zeit alle in ihrem Job haben. Dann geht sie auf die Toilette.
Kommt wieder heraus, tritt von hinten leise an den Tisch und hört, wie die Freundinnen miteinander beraten. *»Sollen wir's ihr sagen? Eigentlich müssen wir, wenn der Mistkerl es nicht selber tut.«* Sie wäre nie auf die Idee gekommen, daß da von ihrem Freund die Rede gewesen war, wenn die beiden nicht so schlagartig verstummt wären und sie unübersehbar entsetzt angestarrt hätten. Ja, sie hätten ihn schon ein paarmal zusammen mit der Neuen gesehen, aber nur von Ferne. Neulich, auf einer Party, wo er mit den beiden nicht gerechnet hatte, hatte er fluchtartig das Feld geräumt mit der anderen. Natürlich ist ihr bewußt, daß die

Freundinnen daran keine Schuld haben. Aber sie spürt den Drang in sich, die beiden anzugiften, sie wider alle Vernunft als Komplizinnen ihres Freunds zu bezichtigen. Gift, Gift, Gift. Alles scheint ihr verschworen zu sein, aberwitzig, kaum zu fassen. Wie aussätzig in ihrer Ahnungslosigkeit inmitten lauter hämisch grinsender Eingeweihter fühlt sie sich. Sogar der Kellner scheint mitwisserisch zu grinsen. Vielleicht war der Freund auch hier schon mit der Neuen. In ihr steigt schneller als die Quecksilbersäule im Thermometer eines Hochfiebrigen eine gallebittere Lust auf, jetzt eine Szene hinzulegen, den Kellner anzubrüllen, die Freundinnen zu ohrfeigen. Schließlich wurden in der Antike die Überbringer schlechter Nachrichten umgebracht.

Negative Energien

Das Schlimme an der Sekunde der Wahrheit: sie setzt Energien frei, die zerstörerisch sein können. Ob sich die Aggression gegen den Betroffenen selbst richtet, gegen den, der ihn betrogen hat, oder gegen Leute, die daran keine Schuld haben und gar nicht beteiligt sind: Wer greifbar ist, kommt dran.

Das ist zwar schlimm, aber es ist ganz natürlich: Die Gefechte, die im Tierreich ausgetragen werden um ein Weibchen, sind auch nicht gerade friedlich.

Die Tücke liegt darin, daß mit dieser Aggression meistens genau dort Verwüstungen angerichtet werden, wo sie entweder unberechtigt oder wirkungslos sind. Oder schlicht gefährlich – wenn sie zu Tätlichkeiten gegen die eigene Person oder gegen andere führen.

Die Wahrheit enthüllt sich zudem meistens nicht im geeigneten, sondern in einem äußerst ungeeigneten Augenblick. Und wenn daran noch andere Personen beteiligt sind, sei es die Schwiegermutter, die es im selben Moment erfährt wie die Ehefrau, daß ihr Sohn fremdgegangen ist, seien es die Freundinnen, die es schon länger wissen, dann kommt noch eine Beschämung hinzu, die als Erniedrigung sondergleichen empfunden wird, als Herabwürdigung. Und diese Gefühle steigern die Aggressionen oder die Selbstzerstörungswut noch mehr.

Sofortmaßnahmen, die helfen

Das Wort Schwindel hat zwei Bedeutungen, und das ist kein Zufall.
Der Schwindel dessen, der länger oder kürzer einen Seitensprung verheimlicht hat, fliegt auf.
Und Schwindel packt den Betrogenen, bringt dessen Gleichgewichtsgefühl durcheinander. *»Ich stürze ab, halt mich fest«*, schreit die hintergangene Seele. Aber keiner ist da, der Halt bieten kann.

Absturzgefahr, Lebensgefahr, eine tiefe, klaffende, offene Wunde. Und keiner ist da, der einem sagt, wie Erste Hilfe in einem solchen Fall geht. Gewissenhaft haben wir gelernt, wie wir ein Unfallopfer betten müssen, das unter Schock steht, wie man Blut stillt, wie man Wunden verbindet.
Aber auf Eifersucht, diesen unerwarteten, schlimmen Unfall mit oft lebenslangen Folgen, darauf sind wir, wenn überhaupt, nur theoretisch vorbereitet. Praktisch nicht.
Und wenn er eingetreten ist, hat keiner die Kraft und die Nerven, sich lang und breit mit Theorien auseinanderzusetzen. Schließlich liest auch keiner mehr die Gebrauchsanweisung für den Feuerlöscher, wenn es bereits lichterloh brennt. Keiner kann ganz gelassen erstmal eine tiefsinnige 200-Seiten-Studie zum Thema Eifersucht lesen, wenn die Seele in Brand steht und alle Lebensenergie versengt.

Wenn die Brocken des einstürzenden Gebäudes, das sich Vertrauen nannte, herunterprasseln und die empfindlichsten Stellen treffen, dann brauchen Sie schlicht und einfach ein Notprogramm. Einen Erste-Hilfe-Kurs, um die inneren Blutungen einer schwerverletzten Seele zu verarzten.

Den Schock bekämpfen

Schockreaktionen sind natürlich, aber nie vernünftig. Das Wichtigste ist, mit ihnen souverän und informiert umzugehen. Wer das nicht beherrscht, sorgt oft für einen schlechten Ausgang; wer es kann, macht aus dem Schock einen bald überwundenen Zwischenfall.

Dieser furchtbare Augenblick, in dem ich die Gewißheit habe, daß mein Partner mich betrügt, ist so brisant, weil ja nicht nur die Zukunft, sondern auch die Vergangenheit in Frage gestellt wird, das, was hinter mir liegt: die gemeinsamen Jahre, Erlebnisse, Freuden und Sorgen – der Boden, auf dem sich unser Leben bewegte.
Die berühmte Sage vom *Reiter über den Bodensee* erfaßt genau die Empfindungen bei dem Schock.

Beispiel

Der Reiter, nicht ortskundig, soll in einem harten Winter im Galopp über eine weite, verschneite Fläche geprescht sein. Und erst, als er sie hinter sich hatte, merkte er: Er war über den vereisten See geritten.
Im Nachhinein beutelte ihn der Schreck darüber, manchen Überlieferungen zufolge, so heftig, daß er daran starb.

So geht es vielen Menschen, wenn sie erkennen: Die Beziehung, die ich für fest hielt, fest wie die Erde, ist ja schon lange brüchig gewesen. Wie konnte ich das nur übersehen!
Wie konnte es passieren, daß ich mich darin bewegt habe, ohne zu spüren, wie gefährdet alles bereits war.

Schockieren heißt beleidigen

Schockieren kommt von dem französischen Wort *choquer* – und das heißt verletzen oder schlicht beleidigen. Und beleidigend im wahren Wortsinn ist diese negative Offenbarung: Der Seele und dem lebenswichtigen Stolz wird Leid zugefügt.

Bedrohlich wird diese Situation, wenn das Ich nicht selbständig ist, nicht selbst steht, sondern den Partner zu seinem zweiten Bein gemacht hat.

Dann wirft der Schock einen Menschen völlig um, weil er sich nicht vorstellen kann, wie es weitergeht, denn zum Gehen braucht man zwei Beine.

Einen Menschen mit Schock, das haben wir im Erste-Hilfe-Kurs gelernt, muß man so betten, daß er sich nicht am Erbrochenen verschlucken und daran ersticken kann. Eben das muß ich auch berücksichtigen, wenn ich mich selbst in diesem Augenblick richtig behandeln will: Wer seine Wut, seinen Haß, seine Verzweiflung ohne nachzudenken von sich gibt, der kann daran ersticken. Natürlich ist das Bedürfnis, all das Bittere auszuspucken, natürlich, so natürlich wie jede Schockreaktion. Aber sie bedeutet eine Gefahr. Was also tun?

Sich einsam im Badezimmer einzuschließen und Selbstzerfleischung zu betreiben, das ist zwar eine umwelt freundliche Lösung. Nur ist sie verheerend für den Betroffenen selbst. Denn sie trägt dazu bei, daß er sich immer weiter in eine negative Stimmung hineinsteigert. Ich bin schlechter, dümmer, unattraktiver, uncharmanter als der Nebenbuhler oder die Nebenbuhlerin. Ich genüge meinem Partner nicht. Ich bin nichts wert.

Unter die Leute gehen

Wirksam ist in diesem Fall nicht Einsamkeit, sondern Öffentlichkeit. Nach dem Schock einfach unter Leute gehen, das verhindert zunächst einmal unkontrollierte Gefühlsausbrüche. Und auch wenn oft behauptet wird, diese seien heilsam, beweist die Erfahrung das Gegenteil: Brüllen führt zu noch lauterem Brüllen, Heulen zu heftigerem Heulen, Schluchzen zu hemmungslosem Schluchzen.

Was tun unter Leuten? Sich selbst etwas Gutes. Das heißt nicht, einem sinnlosen Kaufrausch zu verfallen. Aber einen besonders schönen Pulli aussuchen, eine aufregende neue Disc oder einen guten Roman (in dem es möglichst nicht um Liebe geht), am besten einen Krimi.
Aber bitte keine oralen Befriedigungen suchen: keine neue Zigarettenschachtel aufreißen, keine Tortenorgie feiern, keinen Hamburger reinziehen. Auch Verkehrsunfall-Opfer würden so etwas nicht vertragen.

Natürlich laufen während all dieser Aktionen die Gedanken herum wie ein Tiger in seinem zu kleinen Käfig im Zoo. Immer im Kreis, und nochmal im Kreis, unfähig, auszubrechen. Aber anders als der Spaziergang des Tigers bringen solche Unternehmungen etwas Tröstliches: das Gefühl, daß mit dem Partnerschaftsgebäude nicht die ganze Welt eingestürzt ist. Sondern, daß es da lächelnde Menschen gibt, duftende Friseurhände, freundlich beratende Stimmen, angenehme Klänge, sanfte Stoffe.

Die Wunde versorgen

Jetzt, zwei oder drei Stunden später, blutet die Seele nicht mehr so heftig, eine dünne Haut hat sich gebildet. Aber Schmutz kann noch immer in die Wunde gelangen. Der Schmutz ist in diesem Fall: Getratsche und Geklatsche von mißgünstigen Leuten, von falschen Freunden, die sich eigentlich freuen, daß auch dieses Glück nicht stabil war. Und die nichts als giftigen Trost absondern: *»So sind die Männer ja alle.«* Oder: *»Die Weiber sind eben alle Schlangen. Warum sollte es dir besser gehen als anderen?«*

Das sind Sätze, die zur Blutvergiftung führen. Aber auch der eigene Drang, die Wunde zu verunreinigen durch schmutzige Verdächtigungen, ist gefährlich. Plötzlich alles, wirklich alles in Frage zu stellen, was fraglos schön war. Die Bakterien des Mißtrauens vermehren sich rasend schnell und machen aus der Wunde ein jahrelang schwärendes Übel, das immer und immer wieder aufbricht.

Entweder in dieser Beziehung, sollte sie zu retten sein, oder aber in der nächsten oder übernächsten.

Also jetzt desinfizieren. Und zwar mit etwas, das zwar brennt wie eine Jodtinktur, aber auch genauso wirkt: mit dem Desinfektionsmittel Selbstkritik.

Damit sind jedoch nicht Selbstbeschimpfung und -zerfleischung gemeint, sondern eine unvoreingenommene Selbstbefragung (→ Kasten).

Beim Verbinden der Wunde läßt sich jetzt schon deutlich ruhiger überprüfen, wie tief sie eigentlich ist. Sieht es aus,

Selbstbefragung nach der Entdeckung

Versuchen Sie die folgenden Fragen so ehrlich und mutig wie möglich zu beantworten.

- Habe ich meinen Partner denn nie in Gedanken betrogen?
- Habe ich nicht schon ein paarmal mit der Idee gespielt, mich einem heißen Liebhaber mal für eine Nacht in die Arme zu werfen?
- Habe ich meinem Partner einen Grund, oder viele Gründe sogar, gegeben, mich zu betrügen oder zumindest standhaft anzulügen?
- Bin ich denn noch die Frau, in die er sich verliebt hat? Bin ich noch der Mann, den sie vor Jahren so hinreißend fand? Anders gesagt: Habe ich mich liebenswert verhalten oder eher wie ein überreizter, schlechtgelaunter und oft entnervter Wohngenosse?
- Bin ich nicht zu einem unzufriedenen Menschen verkommen, der an Kleinigkeiten herummosert, sich mit drei Kilos zuviel und zwei Falten mehr beschäftigt anstatt mit dem, was den Partner bedrückt?
- Sind mir meine Hautprobleme mittlerweile nicht wichtiger geworden als seine existentiellen Probleme im Beruf? Und wie oft schmuse ich mit dem Menschen, den ich aus Gewohnheit Schatz nenne oder Darling?
- Wann habe ich aufgehört, zu meinem Mann, zu meiner Frau *»Ich liebe dich«* zu sagen?

Ihre Anworten helfen Ihnen, die Wunde zu reinigen und sachlicher zu sehen, was wirklich passiert ist.

als verheile sie bald? Oder wird das eine Narbe geben, die ein Leben lang sichtbar bleibt?

Zeige deine Wunde heißt ein berühmtes Kunstwerk von Joseph Beuys.
Auch diese Wunde soll man zeigen.
Aber nur dem, der sie geschlagen hat.
Und sonst vorerst mal keinem.

Die Unfallursache klären

Das sollte möglichst noch an demselben Tag, und zwar am Tag des großen Schocks, geschehen. Denn schlaflose Nächte zermürben die Seele und zerstören die restliche Kondition. Nach den ersten Notmaßnahmen ist genügend Zeit vergangen, um mit halbwegs klarem Verstand mit dem Partner die Verletzungen zu besprechen und deren Schweregrad. Mit ihm ausgiebig zu reden – nicht ihn zur Rede zu stellen.

Denn das Ganze darf auf keinen Fall zu einem Verhör ausarten, zu einer gerichtlichen Vernehmung. Damit das nicht passiert, damit der um Ruhe und Sachlichkeit bemühte Ton nicht plötzlich umschlägt in Wimmern, Weinen oder wütendes Gekeife (was ja verständlich wäre), empfiehlt sich ein nettes Restaurant mit sehr stillem Tisch als Ort der Diagnose und Anamnese.

Den Schmerz benennen

Zuerstmal heißt es: die Wunde zeigen.
Zugeben: Du hast mir wahnsinnig wehgetan. Ich halte es kaum aus, hier zu sitzen und nicht loszuheulen.
Zugeben: So dünn ist die Haut.
Zugeben: So unendlich schwer fällt es mir, mich zu beherrschen. Nur ganz mühsam reiße ich mich zusammen.
Und dann heißt es: Wie konnte das passieren?
Am meisten brennt die Frage auf dem Herzen des Betrogenen: Seit wann?

Und da gibt es nun überhaupt keine Chance, zu verharmlosen. Je länger, desto schlimmer.

Wenn ich erfahre, daß der Mensch, mit dem ich lebe, den ich zu kennen glaubte, mit Körper und Seele woanders war, während er Haut an Haut neben mir schlief, Auge in Auge mit mir sprach, erkenne ich mit maßlosem Erschrecken: Ich habe ja keine Ahnung, was in diesem Menschen vorgeht. Was er denkt, mir verschweigt, ersehnt. Was er liebt und was er haßt. Ich habe die Empfindsamkeit für meinen Partner verloren. Denn ich spüre nicht mehr, wann er die Wahrheit sagt und wann er lügt.

Warum hast du geschwiegen?

Diese Erkenntnis entfremdet im nachhinein. Als blicke man in einen Abgrund, den man unwissentlich überquert hat. Und gegen diesen Schrecken, der das Herz lähmt und die Seele erstarren läßt, hilft nur eine Frage: *»Warum hast du es mir denn nicht gesagt?«*

Wer diese Frage hinausgellt, brüllt oder kreischt, gibt sich die Antwort bereits selbst.
Die Frage nach der Unfallursache, die muß ganz ruhig gestellt werden:
»Warum hast du es mir denn nicht gesagt? Wolltest du unbedingt unsere Beziehung erhalten ... und warum? Aus Bequemlichkeit? Aus finanziellen Gründen? Aus Gründen der Repräsentation? Oder wolltest du sie einfach aufrechterhalten, damit nicht die Freunde und Bekannten von dir abfallen – nach der Devise: Wie stünde ich denn da! Oder sollte dein Verhältnis nur eine Affäre sein, deren Ende du bereits eingeplant hattest, als du sie begannst?«

Vergleiche vermeiden

Jede Antwort wird wehtun. Aber wer darauf gefaßt ist, hält mehr aus.
Genauso drängend und bedrängend wie die Frage *»Wie lang denn schon?«* ist die Frage des Vergleichs: *»Was hat diese Frau, was hat dieser Mann, was ich nicht habe?«*
Die Frage brennt auf der Zunge wie Chilischoten pur.

Im Rahmen des Erste-Hilfe-Programms ist die Frage des Vergleichs rigoros runterzuschlucken. Sie ist in dieser Form nämlich absolut sinnlos und selbstquälerisch.

Außerdem wird ein Mensch, der gerade des Betrugs überführt wurde, sei es durch Indizienbeweise, sei es durch Zeugenaussagen, sei es in flagranti, schon aus seinem schlechten Gewissen heraus ungern darauf antworten.

In einer Art masochistischer Anwandlung wollen viele Menschen hören, der andere oder die andere sei schöner, liebenswerter, erfolgreicher, gebildeter, charmanter.
Um dann selbst eine bittere Gegenoffensive zu starten: Offenbar reiche ein sattes Konto, um als erfolgreich zu gelten, ein blöder Titel, um für gebildet gehalten zu werden, teure Klamotten oder recht viel Schminke, um als schöner angesehen zu werden. Also: Diesen Vergleich zu provozieren ist unsinnig. Auch aus dem Grund, weil derjenige, aus dem die Vergleichsdaten herausgequetscht werden sollen, dadurch immer aggressiver wird. Denn er weiß, befriedigen würde den alten Partner nur, wenn er den neuen schlechtmachen würde. Er fühlt sich in die Enge getrieben. Die Suche nach den Ursachen gerät auf diese Weise zu einem verletzenden Schlagabtausch.
Klüger ist es, die Frage umzudrehen. Befragt, ob sie auf dem Titel einer Zeitschrift lieber ein Topmodel oder den

Bundespräsidenten sehen würden, antworten fast alle: *»Den Bundespäsidenten.«* Wollen Zeitschriftenmacher die Wahrheit wissen, fragen sie anders. *»Wen, glauben Sie, würde die Mehrheit der Bevölkerung lieber auf dem Titel sehen?«* Und schon erfahren sie die Wahrheit.
Auf unseren Fall übertragen lautet die Frage dann also: *»Was fasziniert dich denn so an ihm, was begeistert dich so an ihr?«*
Da fehlt die gallige Bitternis des Vorwurfs. Und schon ist es leichter, darauf eine Antwort zu geben und zu bekommen, mit der etwas anzufangen ist.
»Mich inspiriert sie geistig, weil sie so interessiert ist.«
»Ich liebe seinen Unternehmungsgeist.«
»Eigentlich ist es vor allem ihre Fröhlichkeit.«
»Daß er so ein ungeheures Durchhaltevermögen hat.«

Spannend, tröstlich und entlarvend zugleich ist bei diesen Offenbarungen, daß es meistens ganz andere Qualitäten sind, die den Nebenbuhler oder die Nebenbuhlerin begehrenswert machen, als erwartet.
Sie ist weder schlanker noch schöner, weder jünger noch erfolgreicher.
Er ist weder reicher noch brillanter, sieht weder besser aus noch ist er ein Gesellschaftslöwe.

Zur eigenen Persönlichkeit stehen
Frauen mehr als Männer neigen dazu, sich bei aufflammender erster Eifersucht mit aller Gewalt äußerlich zu verändern, bis hin zu kosmetischen Maßnahmen. Und sind dann völlig erschüttert, daß es keineswegs äußere Gründe sind, die den Partner dazu gebracht haben, fremdzugehen.
Die Ursachenklärung ist schmerzlich. Aber sie bringt, wenn sie unter diesen Bedingungen stattfindet, enorm viel für beide Teile. Machmal ist sie auch ein erster Wegweiser, der verrät, auf welche Weise die beiden wieder zusammenkommen können.

Die »Blutkonserven« überprüfen

Viele Menschen, die von der Erkenntnis, betrogen zu sein, schwer verletzt und entkräftet sind, brauchen spätestens jetzt eine Blutspende, sprich: Zuneigung, Energie, Lebenskraft, Wärme und Verständnis von einem anderen Menschen.

Diese Blutspende muß absolut sauber sein, welcher Freund, welche Freundin, welche Mutter, welcher Vater, welche Schwester, welcher Bruder oder Kollege sie auch gibt. Sie muß frei sein von gefährlichen Viren der Mißgunst und

Schadenfreude. Sie darf nicht verseucht sein vom eigenen Frust dessen, der spendet.

Außerdem muß die Blutgruppe passen. Wer sich bei allen bedient, wer in der ersten Wut, in der noch tränennassen Enttäuschung herumtelefoniert und allen erzählt, aufs übelste hintergangen worden zu sein und überall einen Liter Trost einsammelt, darf sich nicht wundern, wenn diese Blutspenden mehr Ungutes bewirken als Stärkung bringen.

Trost von einem lieben Menschen

Es reicht die Blutspende, die Energiespritze mit hohem Trostanteil von einem einzigen liebenden Menschen. Alle anderen mitleidheischenden Kollekten sind eher gefährlich.
Denn es ist sinnvoll, gerade Familienmitglieder erstmal von der Unfallmeldung zu verschonen. Soll die Krise nämlich damit enden, daß der Unfallverursacher und das Unfallopfer wieder zueinander finden, wäre unnötiger Aufruhr nur hinderlich.

Die Blutkonserve hilft, den bevorstehenden Eingriff leichter zu verkraften. Im Vollgefühl dessen, daß jemand bei mir ist mit Liebe und Verständnis, läßt sich die Operation besser überstehen.

Notfalls operieren

Ganz klar: von jetzt an wird alles anders sein. So, wie es war, kann es nie mehr werden. Aber das heißt nicht, daß es schlechter wird. Sicher ist nur, daß geschnitten werden muß.
Entweder geht der Schnitt zwischen dem Partner und seiner Liebschaft durch, oder zwischen uns, meinem Partner und mir.
Wer an dieser Stelle meint, Kompromisse seien auch ganz nett und halbe Lösungen angenehm, wird nie wieder gesund.

Alle Verhandlungsangebote, die verhindern sollen, daß jetzt sofort geschnitten wird, sind abzulehnen.

Beispiele

»Probieren wir es doch mit einer Trennung unter einem Dach.«
Oder: »Ich werde es ihr/ihm beibringen, sobald sie/er die Prüfungen hinter sich hat. Dann sag ich, daß es mit uns aus ist und mir meine Ehe wichtiger ist. Nur solange müßtest du noch ...«

Jeder weiß, daß stumpfe Messer schlimmer verletzen als spitze. In diesem Fall also bitte ein Skalpell verwenden. Und dem Partner unmißverständlich erklären, eine Behandlung nur mit Schmerzmitteln komme nicht in Betracht. Denn wer sich jetzt weichreden läßt, auch aus Angst vor der Amputation, vor dem Schmerz, vor dem Schnitt, wird ewig dahinsiechen. Vor allem führt diese ängstliche, auch feige Nachgiebigkeit oft zu Metastasen, die dann wirklich kaum mehr entfernt werden können. Und deren Entfernung dem Betroffenen das Leben kostet oder zumindest die Lebensfreude.

Beispiel
Er verspricht ihr, die Freundin zu verlassen, auch wegen der Kinder, die er nicht aufgeben will, und weil beide sich gerade für ein Haus hoch verschuldet haben. Außerdem weiß er: Im Fall der Scheidung würden die Unterhaltszahlungen aus ihm einen armen Schlucker machen, der der neuen Freundin nicht mehr so sehr imponieren würde (das gäbe er natürlich nie zu, aber seinem Unterbewußten schwant es düster). Also mietet er nebenher ein Apartment, wo er sich mit der Freundin trifft, die er noch ein bißchen hinhält: »Bis der Kleine im Gymnasium ist.«

Das funktioniert, bis die Freundin einen Rappel kriegt, den Konkubinen-Zweitfrau-Status satt hat und Amok läuft: Höchstpersönlich oder anonym informiert sie die Gattin, was los ist. Und dann ist es zu spät für den kleinen Schnitt, der bei der Notoperation geholfen hätte.

Beispiel
Sie zieht aus, nach der großen Eifersuchtsszene im Restaurant, wo er sie mit dem Liebhaber erwischte. Eigene Wohnung, große, demonstrative Trennungsgeste, damit der Neue glaubt, sie habe sich für ihn entschieden. Gleichzeitig sagt sie dem alten Partner, das sei nur, um zu sich zu kommen, um Distanz zu gewinnen, und trifft sich auch mit ihm weiterhin. Bis beide Männer durch eine Fehlplanung von ihr irgendwann einmal aufeinanderstoßen.

Und dann ist es mit dem schmerzlichen, aber schnellen und gut verheilenden Eingriff nicht mehr getan. Das ist dann die Operation mit stumpfem Messer. Und die hinterläßt häßliche Narben. Der empfohlene scharfe Schnitt ist natürlich etwas anderes als ein Haarschnitt. Egal wo er ansetzt, er wird wehtun. Und das stehen alle Beteiligten nur unter Narkose durch.

Für die richtige Narkose sorgen

Das beste Narkotikum ist Arbeit. Sich in die beruflichen Aufgaben werfen mit Leidenschaft, nicht mit Verbiesterung, neue Herausforderungen suchen, die die Gedanken voll absorbieren.

Falls der Beruf diese Chance nicht bietet, ist es sinnvoll, sich von etwas anderem packen zu lassen: einem grandiosen Roman, einem Kurs in Zen-Meditation oder Yoga, in Flamenco oder Step-Dance. Und das sollte nicht irgendwann angegangen werden, sondern sofort. Am Tag nach der Entdeckung, als die Sekunde der Wahrheit geschlagen hat, anmelden und zahlen, zur Not verspätet in einen Kurs, vielleicht einen Sprachkurs, einsteigen oder in ein Volkshochschulprogramm: Das mobilsiert noch mehr. Schweißausbrüche sportiver Art verhindern Tränenausbrüche, und Büffeln hindert die Gedanken daran, immer nur um das eine zu kreisen.

Aufwachen und sich stärken

Wenn dieser Eingriff vorbei ist und die Wirkung der Betäubungsmittel nachläßt – kein Anästhetikum wirkt ewig -, heißt es: aufwachen. Da ist zwar in allen Gliedern ein Gefühl der Mattigkeit und Erschöpfung wie nach jedem schweren Eingriff unter Narkose, aber auch ein beglückendes Gefühl der Erleichterung: Ich hab das Schlimmste hinter mir, ich bin etwas los, was mich immer mehr belastet und gequält hätte. Nur bitte nicht vergessen, daß das alles erst ein paar Tage her ist.

Kraftnahrung: Selbstbestätigung
Deswegen sollte man sich nicht überanstrengen, sondern langsam aufstehen und Kräfte aufbauen.

Die beste revitalisierende Kraftnahrung ist jetzt Selbstbestätigung. Das heißt, etwas leisten oder unternehmen, was Bewunderung einbringt oder zumindest Anerkennung.

Und dabei darf es sich ruhig um Äußerlichkeiten handeln.

Sich im Fitness-Center die Pölsterchen runtertrainieren, die ein paar Jahre älter gemacht haben, und sich plötzlich ganz dynamisch und beweglich fühlen.
Sich einen neuen Haarschnitt gönnen.
Zum ersten Mal schminken lassen von einem begabten Visagisten.
Nicht mit Unmengen Geld, sondern mit sehr viel Geschmack die Wohnung völlig neu gestalten.
Sich selbst einen neuen Stil verpassen: nach Jahren in Jeans und flachen Tretern den minimalen Rock anziehen und die gefährlich hohen Stöckel, nach einem Leben in Sweat- und T-Shirt die italienische Eleganz entdecken und sich in einem modischen Jackett wohlfühlen. Nach langer Zeit in gedeckten Tönen ein leuchtendes Rot riskieren.

Das bedeutet ganz einfach: das Rollenfach wechseln.
Wer Jahre die Rolle im Schatten des anderen spielte, tritt ins Rampenlicht und gewinnt.
Wer Jahre wider Willen immer der Hauptdarsteller sein mußte, der Macher, der Unternehmungsgeist, tritt ins bergende Dunkel, genießt es, mal passiv zu sein und still, und versenkt sich in all das, wozu er vorher keine Zeit hatte.
Aus dem Helden wird der jugendliche Liebhaber, aus der jungen Naiven die Heldin.

Zu Bewußtsein kommen

Aufwachen bedeutet natürlich auch: zu Bewußtsein kommen. Bewußt werden – das klingt nach Wort zum Sonntag. Aber es meint vor allem das Gegenteil von dem, was Drogen verheißen unter dem Stichwort Bewußtseinserweiterung.
Es meint *Bewußtseinsvertiefung*. Wach werden reicht nämlich nicht, überwach werden heißt es jetzt. Nicht nur benommen um sich blicken, sondern hinsehen, und zwar ganz genau.

Blicken Sie zuerst in Ihr Inneres:
- Was bedeutet mir diese Beziehung?
- Was kann ich jetzt dafür tun?
- Wie soll es weitergehen?
- Was kann jeder von uns dazu beitragen, damit diese Beziehung wieder ins Lot kommt?

Der liebende Blick

Wenn es mit Ihrem Partner weitergehen soll, ist es wichtig, die Beobachtungsgabe besonders zu schärfen – die Beobachtungsgabe für den Partner, aber auch für Ihre eigenen Empfindungen und Bedürfnisse. Denn die Neigung ist groß, manche Geste, manche Bewegung des anderen als »bekannt« einzuordnen und nicht nachzudenken, was sie sagen könnte. Nur darf das kein Beobachten aus mißtrauischen Augen sein. Sondern ein Beobachten mit dem, was sich ebenso altmodisch wie zutreffend »liebender Blick« nennt. Ohne Liebe sollten ohnehin alle Wiederbelebungsmaßnahmen unterlassen werden. Sehen Sie Ihren Partner so an, als ob Sie ihn gerade kennengelernt hätten: aufmerksam und unvoreingenommen.

Zu Bewußtsein kommen heißt aber auch, den liebenden Blick für sich selbst schärfen. Wenn der Partner seine Affäre beendet hat, und Sie auf dem Weg der Aussöhnung sind: Bleiben Sie bei den Stärkungsmaßnahmen für Ihr Ego! Pflegen Sie die neuentdeckten Interessen. Lernen Sie, neben der Zweisamkeit auch ein Eigenleben zu führen, in aller Offenheit.

Ein neuer Anfang

Wenn die Liebe gestorben ist und die Beziehung tot, dann heißt es: schnell und beherrscht aussteigen. Und ohne lange Debatten darüber, wer nun Schuld trage am Ende der als unendlich geplanten Geschichte.
Den meisten Menschen tut es gut, erst einmal eine Partnerpause einzulegen. Zugegeben: Es kann weh tun, Abende plötzlich allein zu verbringen. Aber das ist keine leere Zeit, sondern Zeit für seelische Umbaumaßnahmen.

Mein Rat

Suchen Sie sich für jeden Abend ein Ziel aus, auf das Sie sich freuen. Sei es ein Theaterbesuch, sei es ein Roman, sei es ein besonders guter Räucherlachs, den sie genüßlich alleine verzehren bei guter Musik, sei es ein Besuch bei Freunden.

Bevor Sie eine neue Zweisamkeit gründen, stellen Sie sich die bitte vor bis ins Detail. Wenn Sie dabei ungemütliche Empfindungen haben, vielleicht auch Angst, erzählen sie Ihrem Partner das. Stellen Sie der neuen Liebe die Frage: *»Was liebst du an mir? Was siehst du in mir? Was erhoffst du dir von mir?«* Stellen Sie umgekehrt diese Fragen auch an sich. Bewahren Sie die Antworten auf als Trainingsplan, den Sie immer wieder herausholen und vergleichen mit dem aktuellen Stand der Dinge.

Grundlos eifersüchtig

»Sind Sie süchtig?«
»Was, ich süchtig?« sagen Sie empört.
»Weit entfernt davon!
Nie zuviel Alkohol, keine Freßanfälle, keine Magersucht, kein Koks, kein Ecstasy, überhaupt keine Drogen. Nicht mal Zigaretten.«

Und wie steht es mit der gängigsten aller Süchte – der Eifersucht?
Die heißt nicht zufällig so: Bei vielen Menschen hat sie Suchtcharakter.
Und wie jeder Süchtige ist auch der krankhaft Eifersüchtige mit logischen Argumenten nicht davon abzubringen.
Er weiß, daß es ihm schadet, daß er sich psychisch und physisch damit zerstört, aber er kann nicht davon lassen, sich immer wieder neuen Stoff zu besorgen.
Um jeden Preis.

Im Fall der Eifersucht ist der Suchtstoff das vermeintliche Beweismaterial für den Verdacht.

Die Sucht nach Seelenschmerz

Ein Mensch, der an dieser Nadel hängt, sucht ständig nach Indizien für das, was er eigentlich widerlegt haben will: daß der Partner ihn betrügt.
Kennzeichnend für jeden Drogenabhängigen ist die dramatische Entwicklung: Er hat immer weniger Hemmungen, sich unter allen Umständen den Stoff zu beschaffen. Die Skrupel verschwinden.

Süchtig nach Indizien

Am Anfang sucht so jemand vielleicht nur die Kleider des anderen auf Haare in fremder Farbe ab. Dann werden Jacketttaschen geprüft, Mappen und Geldbörsen, schließlich das Telefonverzeichnis und der Terminkalender.
Und dann beginnt die Überwachung. So wie ein Drogensüchtiger kriminelle Energie entwickelt, um das Zeug zu

kriegen, mit dem er sich zugrunderichten wird, so entwickelt ein Eifersüchtiger ungeahnte Energie, den anderen rund um die Uhr zu kontrollieren: Stunden im Auto hocken, um den Hauseingang zu beobachten, aus dem er vielleicht mit einer Fremden im Arm kommen könnte; einen Detektiv engagieren; das Telefon abhören; Freunde martern, um aus ihnen mitwisserische Bekenntnisse zu erpressen.

Beispiele

Es genügt dann schon, daß sie nur beim Fernsehen sagt, sie finde den Talkmaster hübsch oder einen Filmhelden sexy, und er rastet aus und bekommt einen Wutanfall.

Da reicht es, daß sie mit ihm auf einer Party ist und neben ihm eine andere hübsche Frau mit etwas tieferem Dekolleté am Tisch sitzt, schon bezichtigt sie ihn zischend des potentiellen Fremdgehens und verläßt schnaubend und bebend den Saal und rennt ins Freie, selbst wenn es dort bitterkalt ist.

Wenn es so weit kommt, dann ist die Sucht an dem Punkt angelangt, wo nur noch eine Radikalkur hilft: der totale Entzug. Wer sich aber früh darüber klar wird, daß er eifersuchtsgefährdet ist, kann vorher mit weniger Aufwand und Schmerzen aussteigen.

Ein Rausch, der zerstört

Solche Aktionen verbrauchen nicht nur Kraft, sie brauchen auch Zeit. Sie besetzen das Hirn und das Herz, so daß der Eifersuchtskranke an nichts anderes mehr denken, nichts anderes mehr empfinden kann. Und wie bei anderen Suchtproblemen passiert es auch hier: Der Betroffene rutscht ganz unmerklich heraus aus dem sozialen Bett. Berauscht sich wie ein Junkie an dem Gift des Mißtrauens, an zugetragenem Klatsch, an belauschtem Tratsch, an verdächtigen Funden, an kleinen Beobachtungen, die negativ zu deuten sind.
So ein Mensch ist irgendwann besessen davon. Merkt nicht, daß er alles verliert, was ihn liebenswert macht. Und daß erst diese unbegründete Eifersucht den Partner zu dem treibt, was ihm zu Unrecht unterstellt worden ist: zu einem neuen Partner.
Nur frühzeitige Entwöhnung kann einen eifersüchtigen Menschen retten. Auch wenn das ohne fremde Hilfe unendlich viel Energie und Selbstbeherrschung kostet. Aber wer zu lange damit wartet, schafft den Absprung nicht mehr.

Wer sich klar macht, daß diese Eifersucht wie eine Sucht behandelt werden muß, kann sie in den Griff bekommen.

Diese klare Erkenntnis ist der erste Schritt auf dem Weg einer Selbsttherapie. Wenn Sie jedoch spüren, daß Sie alleine nicht weiterkommen, daß der beständige, innere Schmerz zu tief sitzt, dann zögern Sie nicht, sich fachkundige therapeutische Hilfe zu holen (weiterführende Adressen, → Seite 92).
Der Versuch auszusteigen beginnt damit, daß man vor sich selbst nicht mehr leugnet, eine verhängnisvolle Neigung zu der Droge *Mißtrauen* zu haben. Zu analysieren, wie diese Neigung zur Sucht wird, und zu durchschauen, wie es jedesmal wieder abläuft.

Einstiegsdosis und erste Rauschgefühle

Meistens ist die Einstiegsdosis klein. Und sie wirkt nur, wenn Sie wirklich prädestiniert sind – ideal geeignet als Opfer. Wenn die Situation optimal ist für die Droge.

Beispiel
Sie sind schlecht gelaunt wegen beruflicher Mißerfolge oder einfach Ärger im Beruf. Sie mögen sich nicht, weil fünf Kilo zuviel auf den Knochen sitzen. Sie sind tief getroffen, weil Sie gehört haben, wie ein Freund sie verleumdet oder einfach schlecht über Sie geredet hat. Oder weil jemand Sie für drei Jahre älter gehalten hat, als Sie sind. Trotzdem gehen Sie mit auf die Party. Und dann unterhält sich Ihr Partner mit einer anderen Person etwas intensiver. So würde es Ihr Partner jedenfalls beschreiben. Für Sie ist es die reine Anmache. Und zwar beidseitig. Und nun beginnt die erste Dosis zu wirken. Sie selber bilden sich ein, noch ganz normal zu sein. Aber die anderen merken, wie Sie sich verändern. Ihr Blick wird starr, Ihre Mundwinkel fallen nach unten, Ihr Charme verflüchtigt sich völlig. Stumm und verstohlen beobachten Sie Ihren Partner mit dem anderen Mann, der anderen Frau. Die Droge Eifersucht benebelt bereits Ihre Sinne. Sie sind an allem anderen, was um Sie her geschieht, desinteressiert. Sie sehen und hören nichts anderes mehr. Und das, was Sie wahrnehmen, wird immer übermächtiger.

Dieses erste Angebot der Eifersuchtsdroge abzulehnen, das schafft nur ein Mensch, der gegen jede Suchtgefährdung gefeit ist durch Selbstsicherheit, Glück und Zufriedenheit.
Und das ist selten. Die meisten von uns sind jedoch anfechtbar. Gefährdet ist jeder, der dieses quälende, dieses fiebrige Gefühl bereits genossen hat.

Erste Nothilfe gegen den Einstieg

Gegen innere Unzufriedenheit, auf der die Eifersucht so gut gedeiht, hilft nur eine Langzeittherapie. Aber akut hilft es in dieser ersten Phase, auf der Hut vor sich selbst zu sein. Sich bewußt zu machen, daß heute ein Tag mit dem idealen Klima ist für den Ausbruch der Eifersucht.

Und so wie zum Beispiel ein schwerer Raucher, der von der Nikotinsucht loskommen will, seinen Partner bittet, ihn doch sofort zu warnen, wenn er *»nur die eine noch«* anzünden will, ist es auch in diesem Fall sinnvoll, den Partner zu warnen:

»Du, ich bin heute ganz ungut drauf, bleib heute abend am besten nah bei mir, sonst spinn´ ich wieder rum.«

Immer nur lächeln

Beispiel

Jetzt sind Sie soweit, daß Sie danach lechzen, in Ihrem Verdacht bestätigt zu werden. Aber es passiert nichts – Ihr Partner knutscht nicht, streichelt nicht, fußelt nicht mal unterm Tisch.
Dann, kurz nach Mitternacht, sehen Sie, wie er der anderen Frau die Hand auf den Oberschenkel legt. Oder wie sie dem Mann, der sie so zu faszinieren scheint, die Wange streichelt. Darauf haben Sie

stundenlang gewartet. Es ist, als hätten Sie sich geradezu danach gesehnt. Und ein High-Gefühl überschwemmt Sie. Ihr Herz scheint den Rhythmus zu ändern.

Vorsicht: Jetzt wird's gefährlich.
Baden Sie nicht in diesem High-Gefühl, steigen Sie aus. Und lächeln Sie. Das tut zuerst weh wie Treppensteigen mit schwerem Muskelkater. Aber geben Sie nicht auf. Lächeln Sie, lächeln Sie Ihren Partner an. Haben Sie keine Angst, das könnte verkrampft wirken; noch wissen es nur Sie, wieviel Überwindung Sie das kostet. Beim Abschied küßt er sie, oder sie ihn auf die Wange. Und jetzt bitte nochmal: lächeln was das Zeug hält. Jetzt heißt es, bloß nicht die Selbstkontrolle zu verlieren. Sondern wie bei einem Schwips in bester Gesellschaft die Balance zu halten, nicht laut zu werden, nicht ausfällig zu werden. Und mit Anstand die Szene zu räumen.

Entzugserscheinungen und Rückfall

Beispiel
Sie gehen jetzt mit Ihrem Partner nach Hause. Es ist nichts Heftiges passiert. Kein Krach, kein Eklat. Aber Sie fühlen sich nicht erleichtert, Sie fühlen sich ganz leer. Als wäre ein Versprechen, ein geheimer Wunsch nicht erfüllt worden. Jetzt hätten Sie es ihm endlich mal beweisen wollen, ihn in flagranti erwischen. Dann hätten Sie endlich Gewißheit gehabt für das, was Sie schon lange vermuten.

Die Frage ist nur: Was vermuten Sie und warum? Nein, es gibt keinen einzigen echten Anhaltspunkt.
Aber wenn er Sie betrügen würde, dann wäre das wie eine Bestrafung für Sie, eine Art Sühne für all das, was Sie an sich selbst nicht mögen oder sogar hassen. Die paar Kilo zuviel, die unreine Haut, die Unausgeglichenheit oder die Unzufriedenheit. Und Sie hatten gehofft, wenn er Sie jetzt provozieren würde durch einwandfrei zuviel Interesse an einem anderen Menschen, dann käme in der Wut und Empörung darüber alle Energie wieder in Sie zurück.
Und jetzt, wo nichts passiert ist, fühlen Sie sich noch leerer als zuvor.

Beispiel
Aus dieser Stimmung heraus lockt es Sie, zu bohren, um vielleicht doch noch auf irgendetwas zu stoßen. Um den Partner aus der Reserve zu locken. Wie das heute abend gelaufen wäre, wenn sie die Freundin, wenn er, der Freund, nicht dabeigewesen wäre.

Im Zweifelsfall hilft Kuscheln

Aber genau diese böse Lust müssen Sie jetzt runterschlucken, auch wenn sie im Hals klebt wie ein Kaugummi. Etwas Positives, Schönes, Erheiterndes, worüber Sie mit dem Partner reden könnten, fällt Ihnen nicht ein.

Also kuscheln Sie sich hin an die Frau, an den Mann an Ihrer Seite. Unterwegs oder im Bett. Und Sie merken, wie er tief erleichtert aufatmet. Denn mittlerweile ahnt er natürlich, was in Ihnen rumort.

Der Rückfall

Beispiel

Meistens droht er am nächsten Morgen. Sie haben eine kaum zu verhaltende Lust, ihm irgendetwas zu verbieten. Ihn zu etwas zu zwingen. Zum Beispiel daheimzubleiben. Nie mehr eine andere Frau, nie mehr einen anderen Mann anzusehen. Oder einfach unansehnlich und uncharmant zu werden. So, daß es völlig chancenlos wäre, mit jemandem zu flirten, da kein Mensch mehr auf ihn fliegt. Sie zwängen ihn gerne, für alle anderen nicht mehr attraktiv zu sein. Weil Ihnen klar ist, daß Sie das nicht können, fangen Sie an, an Ihrem Partner herumzukritteln.

Werfen Ihrem Mann vor, daß er zu wenig verdiene, scheußlich angezogen sei, einen Bauch bekäme oder eine Glatze, daß er im Badezimmer rumgesaut habe und es wohl nie lerne, die benutzte Unterwäsche selbst in den Wäschepuff zu werfen.

Giften Ihre Frau an, sie kriege einen Hängebusen, gehe aus dem Leim, habe eine unreine Haut, gebe zuviel Geld für Klamotten aus und lese nur den größten Mist. Und mit jeder Gemeinheit, die Sie absondern, werden Sie ruhiger.

Vorsicht! Ganz genau das sind die Anzeichen eines drohenden Rückfalls. Jetzt müssen Sie das schauspielerische Talent in sich aktivieren. Auf der berühmten Lee-Strasberg-Schule, auf der auch Marylin Monroe und Gary Cooper gelernt haben, lernt man bis heute zuerst einmal, sich ganz und gar mit der Rolle zu identifizieren. In Ihrem Fall heißt die Rolle: der Nebenbuhler/die Nebenbuhlerin.

Mein Rat

Spielen Sie die oder den, werben Sie um ihren Partner mit allen Tricks und allem verfügbaren Charme. Verführen Sie ihn, mit Worten, Blicken, Berührungen. Werben Sie um ihn mit allen möglichen Aufmerksamkeiten. Als müßten Sie ihn um alles in der Welt zu einem Seitensprung bewegen. Einem Seitensprung mit Ihnen.

Kontrolle und Genesung

Um festzustellen, ob Sie nicht mehr abhängig sind von Ihrer Droge Eifersucht, sollten Sie einen Gegentest machen. Gehen Sie dorthin, wo der Konkurrent oder die Konkurrentin zu erwarten ist. Oder laden Sie denjenigen beziehungsweise diejenige auf eine Party ein. Und dann beobachten Sie bitte weniger die ominöse Konkurrenz, als sich selbst.
Zuckt es noch im Bauch? Schmerzt das Lächeln noch arg? Strengt das Nettsein an? Werden Sie nervös, wenn Sie den beiden, Ihrer Frau und dem vermeintlichen Nebenbuhler, den Rücken kehren? Wenn Sie einfach in die Küche gehen, obwohl er grade neben ihr steht? Quält es Sie, *nicht* hinzuschauen?
Vorsicht! Dann sind Sie immer noch gefährdet.

Kein Flirt aus Rache

Machen Sie nicht den klassischen Fehler vieler Eifersüchtlinge, aus reiner Wut, aus schierem Protest mit irgend jemand anderem zu flirten. Wer immer Ihnen dazu auch mal geraten haben sollte: Das war kein Mensch, der's gut mit Ihnen meinte. Denn Sie würden derart übertreiben, daß später Gegenvorwürfe berechtigt wären.
Feiner und wirkungsvoller: Stabilisieren Sie Ihr Ego, indem Sie mit dem attraktivsten Mann respektive der attraktivsten Frau auf dem Fest ein Gespräch anfangen. Und verwenden Sie alle Ihre Fähigkeiten darauf, diesen Menschen zu bezaubern – ohne ihn anzufassen.

Manchmal hilft beobachten

Sollten Sie's trotz aller Bemühungen nicht schaffen, den Blick zu lösen von der vermeintlichen Konkurrenz, dann studieren Sie sie:
Ist diese Person weltläufig und sprachbegabt? Ist sie durchtrainiert und schlank? Zieht sie sich besonders gut an? Plaudert sie amüsant? Lacht sie viel und befreit? Hat dieser Mensch auffallend viel drauf an interessantem Wissen? Bewegt er sich anmutig? Hat er besonders schönes Haar?

Wenn Sie es herausgefunden haben, was diesen Menschen in Ihren Augen so attraktiv und daher so verdächtig macht, dann vergleichen Sie sich in eben diesem Punkt. Und wenn Sie bei diesem Vergleich schlecht abschneiden, ändern Sie gleich am nächsten Tag etwas dran. Gehen Sie ins Fitneßstudio oder zum Entspannungstraining, belegen Sie einen Sprachkurs oder melden Sie sich an beim Jazzballett. Denn die Punkte, in denen *Ihnen* der Nebenbuhler leider imponiert oder die Nebenbuhlerin wider Willen gefällt, sind *Ihre* wunden Punkte. Da genau sind Sie verletzbar.

Entweder Sie arbeiten daran, oder Sie stehen zu Ihrer Individualität. Denn wenn Sie noch eine Weile länger hinsehen, werden Sie entdecken, auch der/die andere ist nicht perfekt.

Clean werden und bleiben

Ganz los werden Sie die Veranlagung zur Eifersucht nie. Aber es verhält sich damit ähnlich wie mit dem Alkohol: In richtigen Dosen, zur richtigen Zeit kann die Eifersucht luststeigernd sein.
Wenn ein Mann in leise eifersüchtelnden Bemerkungen seiner Liebsten spürt, wie sehr sie ihn begehrt, wird er nicht nur in seinem Selbstbewußtsein bestärkt, sondern auch in seinem Vertrauen in ihre Liebe. Oder eine Frau kann die eifersüchtigen kleinen Spitzen ihres Mannes durchaus als angenehmen Kitzel empfinden: Der will dich.
Aber wie der Alkohol im Übermaß, unkontrolliert konsumiert, die Gesundheit, das Leben ruinieren kann, so kann auch die überbordende, unkontrollierte Eifersucht die Liebe zerstören. Sie kann eine Beziehung dessen berauben, was sie erst schön und dauerhaft macht: des Geheimnisses. Ein eifersüchtiger Mensch will seinen Liebsten bis in den letzten Winkel ausleuchten. Das Ergebnis: Die Beziehung ist gnadenlos bereinigt – vor allem von gegenseitiger Faszination. Da ist dann aus der Liebschaft ein steriles Zusammen-Existieren geworden. Keimfrei und frei von erotischer Spannung.

Sie sind nicht mehr süchtig

Wie können Sie erkennen, ob Sie Ihre Sucht überwunden, mit ihr umzugehen gelernt haben?
Sie haben es geschafft, wenn

- es Ihnen keinen üblen Verdacht ins Hirn treibt, wenn er zur gewohnten Uhrzeit nicht telefonisch zu erreichen ist im Büro;
- Sie sich nicht mehr schlaflos im Bett wälzen, weil sie vom Hotel aus irgendwo eine Nacht mal nicht angerufen hat;
- Sie nicht gleich durchdrehen, wenn er nach einem fremden Damenparfum riecht oder sie nach einem fremden Herrenduft;
- Sie nicht gleich wieder Magenzuckungen kriegen, bloß weil er einen Zettel hat fallen lassen, auf dem eine Telefonnummer steht und ein weiblicher Vorname;
- Sie nicht zittern, wenn sie einer neuen Partybekanntschaft ein Küßchen auf die Wange haucht.

Der eifersüchtige Partner

Psychotherapeuten gäbe es genug für alle möglichen Partnerschaftsprobleme. Aber oft gehen die Falschen dorthin. Auch, wenn es sich um Eifersucht dreht. Da sucht häufig nicht derjenige fachlichen Beistand, der von Eifersucht gepeinigt wird, sondern derjenige, der von einem eifersüchtigen Partner gequält wird.

Einen grundlos eifersüchtigen Partner zu ertragen, das ist eine Anforderung, der viele kaum standhalten. Denn da helfen keine klugen Argumente, da wirkt kein geduldiges Reden, da überzeugen keine Beweise, nicht einmal Liebesbeweise.

Wenn die Eifersucht des Partners eskaliert, wenn er auf einmal handgreiflich wird, Teller zerschmeißt, die Wohnung zertrümmert oder per Telefon alle möglichen Leute terrorisiert – wenn Sie also mitten in der Krise stecken, dann ist meistens Wochenende. Und es ist zu spät für Langzeittherapie.

Die Hintergründe aufdecken

Wer sich drüber klar ist, daß sein Partner zur Eifersucht neigt, sollte nicht von vornherein in die Defensive gehen. Sondern schon mal vorbeugend, bevor es zu solchen Ausbrüchen kommt, als Hobby-Psychologe über mögliche Hintergründe nachdenken.

Die Familiengeschichte

Nützlich ist es zum Beispiel, etwas über die Familiengeschichte Ihres Partners herauszufinden. Denn die Vergangenheit kann über die Neigung zu heftiger Eifersucht Aufschluß geben.

Da gibt es eine Schwester oder einen Bruder, der von den Eltern vorgezogen wurde. Da gibt es einen Vater, der fremdging, oder eine Mutter, die nach der Scheidung zuerst alleinerziehend war und dann einen neuen Freund fand, der zu ihr und den Kindern zog.

In solchen und ähnlichen Fällen gab es immer wieder Konkurrenzsituationen, in denen Ihr Partner sich zurückgesetzt fühlte, durch die seine Vorstellungen von Zuneigung und Treue erschüttert wurden, in denen er das Gefühl hatte, ihm werde jemand weggenommen oder streitig gemacht.

Ein Psychotherapeut würde solche Hintergründe in mühsamer Zusammenarbeit mit dem Patienten aufdecken und bearbeiten – unter Umständen kann das die einzige Lösung sein, um krankhafte Eifersucht wirklich in den Griff zu bekommen.

Aber wenn die Wohnung bebt, dann ist dafür keine Zeit. Und davor fehlt den meisten der Antrieb, sich mit der Entstehung einer so unerfreulichen Neigung auseinanderzusetzen.

Aber diese erste Ursachenforschung kann Ihnen helfen, die Eifersucht Ihres Partners besser einzuschätzen und sich nicht grundlos von seinen Vorwürfen beherrschen oder gar verunsichern zu lassen. Es hilft auch, sich die Erkenntnis vor Augen zu führen, daß unbegründete Eifersucht nicht von heute auf morgen entsteht, sondern sich über Jahre hinweg entwickelt. Denn wer sich das bewußt macht, versucht nicht, seinen eifersüchtigen Partner im Hauruck-Verfahren davon abzubringen – weil er weiß, daß das unmöglich ist.

Eine tiefsitzende Eifersucht offenbart sich einem aufmerksamen Menschen übrigens nicht erst nach längerem Zusammensein, sie zeigt sich schon sehr bald. Und wer sich gut genug kennt, um zu wissen: Damit kann ich nicht umgehen, oder damit will ich mich nicht herumschlagen, der sollte die Beziehung mit einem eifersüchtigen Partner gar nicht erst vertiefen.

Wiederholungszwänge

Es ist verblüffend, aber unbestreitbar: Sehr viele Frauen und Männer, die bereits mit einem eifersüchtigen Partner gelebt haben, wählen nach der Trennung von ihm wieder einen sehr eifersüchtigen neuen Partner, selbst wenn sie behaupten, unter dem letzten gelitten zu haben. Warum?

Vielleicht, weil sie in der Eifersucht eine Art Treuegarantie sehen. *»Wer derart auf mich versessen ist, daß er mich verfolgt und observiert, der betrügt mich mit Sicherheit nicht.«*
Das aber kann ein Trugschluß sein. Denn, wie bereits erklärt, verdächtigen manche Menschen ihren Geliebten, ihre Geliebte gerade deswegen der Untreue, weil sie selber zur Untreue neigen oder bereits untreu sind.

Es gibt Menschen, die entscheiden sich auch, bewußt oder unbewußt, deswegen immer wieder für einen eifersüchtigen Lebensgefährten, weil sie dadurch in ihrem Ego bestärkt werden. Denn, um den Partner zu halten, machen manche Eifersüchtige dem anderen ständig Komplimente. Sie versuchen, ihn durch andauernde Bewunderung zu halten. Vielleicht weil sie wissen, wie sehr der es liebt und braucht, auf dem Sockel zu stehen.

»Manchmal«, erkannte der französische Philosoph La Rochefoucauld bereits, *»ist es für einen Ehemann ganz angenehm, eine eifersüchtige Frau zu haben; er hört dann immer das, was er gerne hat.«*
Eine Frau, die ihrem Mann unterstellt, er sei sexuell derart geladen, daß er ständig nach Entladung sucht, unterstellt ihm ja damit auch Potenz. Und das finden die wenigsten unangenehm.

Trügerische Bindungsversuche

Diese Technik des Eifersüchtigen, den anderen an sich zu binden, ist aber gefährlich für beide Seiten. Der eifersüchtige Partner unterdrückt nämlich in solchen positiven Kundgebungen, im Bewundern und Bestätigen, nur seine negativen Gefühle, die sich dann irgendwann doch Bahn brechen. Und derjenige, der dauernd umschwärmt wird, gewöhnt sich derart an kritikloses Angehimmeltwerden, daß er allmählich die Fähigkeit zur Selbstkritik ebenso verliert wie die, Kritik von anderer Seite anzunehmen. Er gewöhnt sich an die Bewunderung wie an eine nette, harmlose Droge, ohne die er bald nicht mehr leben mag.

»Gut«, mögen jetzt praktisch denkende Menschen sagen, *»dann ist doch alles in Ordnung. Dann kommen die zwei ja bestens miteinander zurecht.«*
Das ist aber ein brisanter Irrtum. Denn es handelt sich dabei um ein Arrangement, um einen Handel, bei dem beide keine echte, sondern unechte Ware bekommen. Diese Form der Bewunderung kommt nicht aus dem Herzen, sondern aus der Berechnung. Und diese Duldung der Eifersüchteleien kommt nicht aus innerer Souveränität, sondern aus einer Eitelkeit, die die regelmäßigen Fütterungen mit Selbstbestätigung genießt.
Solche Haltungen verhindern auch, daß beide Partner sich selbständig entwickeln, daß sie sich selbstbewußte, gleichberechtigte Lebensgefährten werden, die sich echte Achtung und Bewunderung schenken können, ohne sich gegenseitig zu beschränken. Partner, die sich sicherheitshalber ständig anhimmeln, ohne daran zu glauben, schaffen sich ein künstliches, unechtes Bild vom anderen. Und dieses Bild ist gefährdet, dieses Bild ist brüchig. Wenn der Partner, der vorbeugend mit Komplimenten gefüttert wird, sich einmal so ungut verhält, daß dem anderen die aufgeschminkte Bewunderung vom Gesicht platzt wie alter Lack, dann bricht es aus dem Bewunderer heraus, was er eigentlich denkt.

Sicher ist es klug, einem Partner soviel Selbstbestätigung zu liefern, wie er braucht, denn wer zu Hause nur kleingemacht und scharf kritisiert wird, holt sich diesen Happen anderswo.
Aber es genügt, den Partner da zu loben und zu bewundern, wo es sinnvoll ist, wo es objektive Gründe dafür gibt. Wer es dem anderen unbedingt rechtmachen will, um ihn zu halten, erreicht meist nur das Gegenteil.

Chancen und Grenzen der Selbsthilfe

Aus dem Wissen, daß Eifersucht fast immer auf mangelndem Selbstwertgefühl beruht, bemühen sich viele liebende Menschen rührend, ihren eifersüchtigen Partner so aufzubauen, daß er nicht mehr an sich zweifelt. Ein zu schwach ausgeprägtes Selbstbewußtsein läßt sich stärken, und da kann ein liebender Partner einiges dazu beitragen.

Wo Liebe helfen kann

Sicher ist es hilfreich, einem Partner, der ständig mit sich hadert, mit seinem Äußeren, seiner beruflichen Situation, dabei zu helfen, sich selbst zu lieben. Es ist auch ein gutes Zeichen für eine Beziehung, wenn ein Mensch durch die Liebe des anderen lernt, mit seinen vermeintlichen Schwächen zu leben.

Beispiele

Eine Frau, die ständig ihre Nase zu lang, ihre Beine zu kurz, ihre Schenkel zu dick fand, und auf einmal eine sinnliche Zufriedenheit ausstrahlt, hat eine glückliche Beziehung.

Ein Mann, der sich jahrelang über seinen Haarausfall grämte, über die Äderchen auf der Nase oder seine Wurstfinger, und dann, männlich, glatzig und heiter ganz selbstsicher auftritt und sich über die eigenen Mängel sogar lustig machen kann, verdankt das oft der Frau, mit der er zusammenlebt.

Wenn es sich jedoch um sehr tief verankerte Minderwertigkeitskomplexe oder um eine narzißtische Störung handelt, ist fast jeder Partner überfordert. Denn mit dem täglichen Kaviarlöffelchen Bewunderung läßt sich ein gestörtes Selbstbewußtsein nicht mehr füttern. Dadurch werden eher die Selbstzweifel genährt, oder oft eben jener Narzißmus. Und die Schwankungen zwischen Selbstherrlichkeit und Selbstzweifeln werden bei dem anderen unter Umständen immer noch extremer. Sie können Ihren unsicheren Gefährten nur immer wieder stärken durch Ihre Liebe und Solidarität. Sie können ihn ermutigen, an seinem mangelnden Selbstwertgefühl zu arbeiten und sich gegebenenfalls fachkundige Hilfe zu holen.

Aber eine tiefersitzende narzißtische Störung läßt sich mit liebender Zuneigung oder unablässig fließender Bewunderung nicht beheben. Im Gegenteil: Das würde bedeuten, diesen Narzißmus nur zu verstärken.

Narzißtische Eifersucht

Es gibt Berufe, vom Pressechef bis zum Filmstar, von der Schauspielerin bis zum Fernsehansager, vom Werbefachmann bis zur Journalistin, vom Model bis zum Repräsentanten einer Firma, wo eine Dosis Narzißmus wenn nicht nötig, so doch keineswegs hinderlich ist. Der Partner muß nur damit auskommen. Aber wenn Eifersucht aus dem Narzißmus wächst, dann ist es sehr schwer, mit ihr souverän umzugehen.

Mein Rat

Wenn Ihr narzißtischer Partner wieder seinen Eifersuchtsanfall kriegt, dann ist es am besten, ihm klar zu machen, wieviel er dabei verliert:
»Du wirkst sonst so gelassen, so überlegen, und ich liebe das an dir. Aber so wie du dich jetzt aufführst, hast du davon gar nichts mehr.«

Es hilft bisweilen auch, ganz ruhig zurückzufragen:
»Schau, dich empört jetzt, daß diese Frau mich die ganze Zeit anstarrt, aber woher weißt du denn, daß ich das will oder provoziere? Dir geht es doch auch oft so, daß dich andere unentwegt ansehen. So wie du aussiehst, kein Wunder.«
Oder: *»Ich weiß, es regt dich auf, daß dein Kollege mir derart dicke Komplimente macht, aber wer sagt dir denn, damit könne er etwas erreichen? Dich schwärmen doch auch viele Frauen an, in deinem Büro hast du zum Beispiel jede Menge Verehrerinnen.«*

Und es bringt auch etwas, wenn Sie, ohne selbst in eifersüchtiges Geifern zu verfallen, bei Gelegenheit zeigen:
»Ich merke schon, wie der dich anhimmelt; ich hab's schon mitgekriegt, wie die hinter dir drein schaut.«

Verständnis zeigen

Wichtig, oft lebenswichtig ist es für jeden, der einen eifersüchtigen Partner hat, sich ständig zu vergegenwärtigen, wie sehr der andere leidet. Was er bei jeder Party, bei dem belanglosesten Anlaß durchmacht.
Und wer sich dessen bewußt ist, kann ein bißchen dazu beitragen, die Auslöser zu reduzieren.

Beispiele

Natürlich ist nichts dabei, wenn sie den väterlichen Freund, der seit Jahren ihr Leben begleitet, mal auf den Mund küßt – weil er das als Auszeichnung empfindet vor den anderen.

Selbstverständlich ist es normal, daß er der gemeinsamen Freundin, der es zur Zeit seelisch sehr schlecht geht, ein paar schöne Dinge sagt und sie aufzubauen versucht mit ein paar Komplimenten.

Aber wer aus Erfahrung weiß, daß gerade solche harmlosen Zwischenfälle bei dem anderen spontane Eifersuchtsattacken auslösen, sollte versuchen, diese zu vermeiden, und es den Freunden vielleicht erklären.

Mit einem eifersüchtigen Partner läßt sich, positiv gesehen, lernen, das eigene Verhalten zu kontrollieren:

Beispiele

Vielleicht habe ich wirklich zu sehr geschäkert mit dem lustigen Vogel, der sich da zu uns an den Tisch gesetzt hat im Biergarten.
Kann sein, daß ich diesen gescheiten Typen wirklich zu sehr bewundert habe bei seiner Rede.
Möglich, daß ich der herzigen Frau auf dem Fest beim Diskutieren zu oft die Hand auf den schönen nackten Arm gelegt habe.
Wahrscheinlich habe ich diesen Gaudiburschen, der so ungeheuer gut Witze erzählen kann, zu oft im Gelächter angefaßt.

Ganz wesentlich ist es für jeden, der die Eifersuchtsneigung seines Partners kennt, daß er sich immer wieder klarmacht: *»Ich liebe diesen Menschen und begehre ihn. Und will alles mir Mögliche tun, damit unsere Beziehung nicht an Mißverständnissen scheitert.«*

Diskussionen vermeiden

Es bringt Sie nicht weiter, wenn Sie versuchen, Ihrem Partner auf seine bohrenden Fragen immer getreu Rede und Antwort zu stehen. Oder wenn Sie sich stets in Verteidigungshaltung begeben. Ihre Unschuldsbeteuerungen werden ihn nur noch mißtrauischer machen. Er wird nur noch bohrendere Fragen stellen, Sie bei den kleinsten Widersprüchen ertappen.

Mein Rat

Beantworten Sie seine Fragen einmal, aber auf weiteres Nachfragen gehen Sie nicht mehr ein. Schweigen Sie; auch wenn er tobt. Das würde er auch tun, wenn Sie immer weiter reden. Machen Sie ihm klar, daß seine Unterstellungen so absurd sind, daß Sie darauf nicht weiter eingehen wollen und können. Betonen Sie immer wieder, daß gegenseitiges Vertrauen die wichtigste Basis einer Beziehung ist.

Wenn es gefährlich wird

Die eingangs zitierte Kriminalstatistik der Eifersuchtstragödien (→ Seite 8) ist auch ein großes Warnschild vor der lebensgefährlichen Energie eifersüchtiger Menschen. Beispiele beweisen, daß der Mann, der seiner Freundin schließlich eine Briefbombe schickt, nicht zum ersten Mal tätlich wurde aus Eifersucht. Daß die Frau, die aus Eifersucht ihren Liebhaber erschießt, ihren abtrünnigen Geliebten schon davor körperlich angegriffen hat.

Wenn Sie merken, daß Ihr Partner keine andere Möglichkeit mehr sieht, als zuzuschlagen, um seiner Eifersucht Ausdruck zu verschaffen, dann ist das höchste Alarmstufe. Ziehen Sie sofort aus. Ins Hotel, zu Freunden, zu Ihrer Familie. Wo sie in solchen Ernstfällen Hilfe bekommen, Beratung oder – als Frau – auch Unterschlupf in einem Frauenhaus, sagen Ihnen die Adressen im Anhang (→ Seite 92).

Bei Eifersucht hilft Hautkontakt

Berührung ist ein Wundermittel, das auch bei Eifersucht hilft. Jedes Kind kennt die Wirkung animalischer Wärme, wenn es heulend mit Schramme am Knie oder Bauchweh auf Mamas oder Papas Schoß klettert und an deren Brust geschmiegt den Schmerz vergißt. Heilen durch Handauflegen: Das betrachten heute auch nüchtern denkende Menschen nicht mehr nur als eine Methode für Abergläubische, sondern als Anwendung der Erkenntnis, daß durch das Berühren Energie fließt, daß dadurch Blockaden und Spannungen gelöst werden können. Sanftes Streicheln ist die beruhigendste Form der Zärtlichkeit. Solche Berührungen sind mehr als oberflächlich. *»Etwas berührt mich«* bedeutet: Etwas geht mir zu Herzen.

Berührung wirkt Wunder

Aber leider vergessen wir die wunderbare Wirkung der Berührung und den beruhigenden, beglückenden Effekt des Hautkontakts nur allzu oft.

Gleich nach dem Orgasmus leben auch glückliche Paare wieder nebeneinander her wie zwei Parallelen. Gehen nebeneinander, ohne sich anzufassen, sitzen einander gegenüber bei Tisch, stehen nebeneinander auf einer Party – und spüren kein einziges Mal in vielen Stunden den Körper des anderen.

Frisch verliebt fassen sich Paare ständig an. Fingern aneinander rum, busseln, schmusen, streichen sich gegenseitig übers Haar, über die Hände. Und diese Zärtlichkeiten geben wir alle auf, wenn die erste Phase des Verliebtseins sich beruhigt hat. Dabei ist die Wirkung der

Berührungen durchaus haltbar und läßt sich sofort wiederbeleben. Gerade in Beziehungen, in denen einer oder beide zur Eifersucht neigen, beschert die Wiederentdeckung dieses Wundermittels oft einen sensationellen Erfolg.
Einerseits signalisieren zwei Menschen, die gegenseitige Nähe suchen, ihre Zusammengehörigkeit so deutlich, daß mögliche Interessenten sich von vornherein zurückhalten.
Andererseits ist diese Nähe auch ein demonstratives Bekenntnis zueinander. Und gerade diese Form des Bekenntnisses brauchen eifersüchtige Menschen besonders. Sie bilden sich sehr oft ein, der Partner vermeide es, sich zu der Freundin oder dem Freund zu bekennen, weil das seine Chancen bei anderen mindert.

Ein eifersüchtiger Mensch empfindet es oft schon als potentielles Fremdgehen, wenn der Partner kontaktfreudig ist im weitesten Sinn; wenn er Lust hat an der Kommunikation und daran, neue Menschen kennenzulernen. Es ist eine Ironie des Lebens, vielleicht auch eine Schule des Lebens, daß ausgerechnet solche extrem offenen Menschen und extrem eifersüchtige sich anziehen.
Wenn beiden viel daran liegt, trotz der daraus entstehenden Spannungen miteinander zu leben, dann ist eben das ein einfaches und probates Mittel: sich ein-

ander der Liebe und Zuneigung zu versichern, indem man sich berührt.
Das sagt ohne Worte: *»Ich bin ganz bei dir, auch wenn ich mit jemand anderem diskutiere. Ich bin froh, daß du bei mir bist. Ich zeige gern, daß du zu mir gehörst. Ich genieße es, daß ich mit dir zusammen das alles erlebe.«*

Berührungen sind ungesprochene Zauberformeln, die einen eifersüchtigen Menschen ruhig machen, gelassen und glücklich. Da strahlt der Eifersüchtige, anstatt von den Wolken seiner Mißgunst und Angst überschattet zu werden. Und fühlt sich nicht am Rande des Geschehens, sondern im Mittelpunkt.

Hinter der Eifersucht verbergen sich meist ungelöste Probleme, die die großen Dichter und Denker längst beschrieben haben. Je mehr wir über unsere Eifersucht wissen, desto besser können wir mit ihr umgehen. Wenn die negativen Energien aufgedeckt sind, werden auch Wege frei, die Eifersuchtsgefühle in neue Bahnen zu lenken. Eifersucht in ihrer milden Form kann eine Beziehung stärken und die Liebe lebendig erhalten.

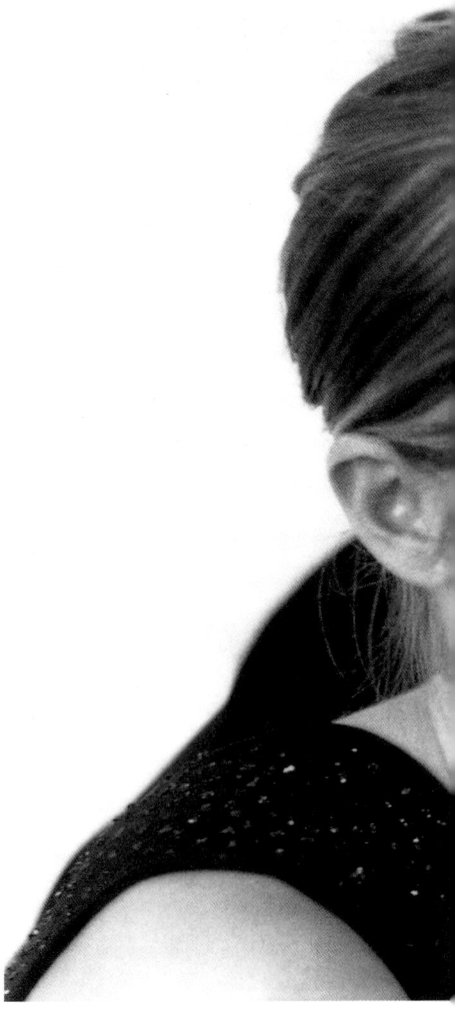

Von der Wut zur Gelassenheit

In der Dichtung liegt Wahrheit

Von Shakespeares *Othello* bis zu Erfolgsromanen von heute wie *Schlafes Bruder*: Eifersucht ist ein Thema, das die Dichter beschäftigt hat wie kaum ein anderes. Aber sie haben nicht nur das unheilvolle Drama der Eifersucht beschrieben oder das gräßliche, stumme Leiden daran, sie haben auch hochmoderne und höchst psychologische Aphorismen zur Eifersucht hinterlassen.

Sicher steckt in vielen dieser scharfsinnigen Bemerkungen oft auch ein Stück schmerzlich erlebter eigener Erfahrung. Aber ganz unabhängig davon, ob der Verfasser aus persönlicher Kenntnis dieses Gefühls spricht oder aus Beobachtung: die Aphorismen beweisen, daß Eifersucht keine Grenzen kennt, weder Standesgrenzen noch Altersgrenzen. Und in den meisten schwingt die Bereitschaft des Autors mit, mitzufühlen und sich einzufühlen in einen Menschen, der an Eifersucht leidet.

Wenn eine der Bemerkungen hier Ihnen aus tiefstem, wundem Herzen spricht, schreiben Sie sich die heraus. Lassen Sie sich durch dieses Beispiel aber auch inspirieren, selbst einmal das Wesen der Eifersucht, wie Sie es sehen, in einem schlagkräftigen Satz zu formulieren. Und hören Sie sich an, was andere dazu meinen. Ob sie zustimmen oder Ihre subjektive Meinung zu einseitig finden.

Was hinter der Eifersucht steht

Hochmütige Frauen verbergen ihre Eifersucht aus Stolz.
Stendhal

Das hat Stendhal in seinem Werk *Über die Liebe* 1822 geschrieben.
Sein Aphorismus ist aktueller denn je. Heute gibt es viele sehr selbständige Frauen, die es mit ihrer liberalen Denkweise und ihrer großzügigen Lebenseinstellung nicht vereinbaren können, ein besitzergreifendes, kleines, enges Gefühl wie die Eifersucht in sich zu spüren.

Eifersucht, das erkannte der geniale Stendhal, läuft dem Stolz zuwider, denn sie demütigt und erniedrigt jeden, den sie befällt. Aber sie immer angstvoll zu verbergen, um nicht das stolze Gesicht zu verlieren, macht krank.

Stendhal spricht davon, daß *hochmütige* Frauen die Neigung hätten, nicht zu ihrer Eifersucht zu stehen.
Hochmut zeigt sich auch in Arroganz. Und Arroganz ist Stacheldraht um die Seele. Arroganz will vor Übergriffen schützen, sie will das Hoheitsgebiet der eigenen Psyche abgrenzen gegen alle, die zu herzlos darauf herumtrampeln könnten.

Anders gesagt: Arroganz ist immer aufgebaut zum Schutz einer leicht verletzlichen Persönlichkeit. Da diese für Eifersucht besonders anfällig ist, ist es für sie auch besonders mühsam und kräftezehrend, diese Neigung zu verbergen.

Andererseits steckt im Wort Hochmut das mittelhochdeutsche *hochmuot*, das bedeutet: edle Gesinnung und hohes Selbstgefühl.
Frauen mit sehr viel Feingefühl, Stil und Charakter verfügen genau darüber. Eifersucht zuzugeben hieße für sie, ihre eigenen Überzeugungen zu verraten. Das ist verständlich. Aber sowohl den feinsinnigen wie auch den vermeintlich arroganten Frauen täte es ab und zu gut, den Stolz abzulegen. Das wirkt für manche Männer erotischer als das Ablegen der Textilien. Stolz hält auf Abstand. Das Eingestehen von Schwächen schafft Nähe.

Eifersucht ist Angst vor dem Vergleich.

Max Frisch

Einmalig sein – zumindest in den Augen des Menschen, der behauptet, mich zu lieben: Das ist ein ganz normaler Wunsch. Dahinter steckt nicht nur die jeder Liebe innewohnende Sehnsucht, inmitten des Alltäglichen etwas Besonderes, inmitten der Anonymität etwas Individuelles, inmitten des Flüchtigen etwas Bleibendes zu schaffen. Dahinter steckt auch die schlaue Erkenntnis, daß ein einmaliger Mensch unersetzlich ist. Für manche Menschen ist der Traum vom Unersetzlichsein vorbei, sobald sie meinen, verglichen zu werden mit jemand anderem.

Der Vergleich hat für sie von vornherein etwas Bedrohliches. Warum?
Weil sie selbst nur in Kategorien wie »gut- besser- am besten« denken, weil sie ganz stark den Kategorien des Konkurrenzkampfs verhaftet sind, obwohl sie das erbittert bestreiten würden. Daher empfinden sie ein positives Urteil über eine andere Frau, einen anderen Mann automatisch als einen Vergleich zu ihren Ungunsten.

Beispiele

Meint der Mann ganz beiläufig, Winona Ryder habe eine süße Figur, sagt sie: »Mein Busen ist dir wohl zu groß.«

Bemerkt die Frau am Rande des Films, die Figur von Bruce Willis sei fantastisch, giftet er: »Ich bin dir wohl zu mickrig.«

Da sitzen sie im Restaurant, er weist sie auf eine mondäne Frau hin, schon heißt es giftig: »Dann setz dich doch um!«

Ein so strukturierter Mensch bezieht alles und jedes auf sich. Und das beweist, daß er, auch wenn er Selbstkritik und Selbstzweifel vorschützt, sich selbst als den Nabel der Welt sieht. Diese Form der Eifersucht ist meistens wirklichkeitsfremd; sie entsteht ja nicht aus der realistischen Angst betrogen zu werden, sondern aus der Angst, in den Augen des Partners kein Superlativ zu sein. Es handelt sich dabei also um eine Eifersucht, die aus narzißtischer Kränkung sprießt. Es kann aber auch die große Angst vor dem Verlassenwerden dahinterstehen, die sich in verzweifelter Perfektionssucht äußert.

Man ist nie eifersüchtiger, als wenn man in der Liebe anfängt zu erkalten. Man traut dann der Geliebten nicht mehr, weil man merkt, wie wenig einem selbst zu trauen ist.
Franz Grillparzer

Auch wenn ich nur geistig fremdgehe, habe ich mich innerlich verabschiedet von meinem Partner. Ich lebe neben ihm, schlafe neben ihm und mit ihm, aber ich plane unbewußt den Ausstieg. Ich bin im Absprung und weiß, käme der geeignete Mann, die geeignete Frau vorbei, ich ergriffe die Gelegenheit. Wenn ich so denke und fühle, beobachte ich den Partner, als wäre er ich. Dann bilde ich mir ein, bei ihm Indizien fürs Fremdgehen zu erkennen, weil ich meine eigenen Gelüste auf den anderen projiziere.

Beispiel

Ein Mann, der beim Ski-Wochenende mit seinen Freunden mit einer Gelegenheitsbekanntschaft ins Bett gegangen ist; eine Frau, die während einer Kur eine Nacht mit einem anderen verbracht hat:

Sie müßten eigentlich mit schlechtem Gewissen heimkommen, die Überlegung wälzend: Wie sag ich's ihr? Wann gesteh ich's ihm? Da ist das Verhältnis eigentlich innerlich schon gekündigt.

Aber es gibt Mechanismen der Seele, die das schlechte Gewissen umwandeln. Aus dem begründeten Mißtrauen gegen die eigene Person, die offensichtlich nicht mehr imstande ist, die Treue zu halten, wird ein unbegründetes Mißtrauen gegen den Partner.
So entsteht zuerst eine erhöhte Wachsamkeit, die beim Partner Anzeichen für Untreue zu finden sucht. Wie die aussehen? Da braucht der Betreffende nur in den Spiegel zu sehen.
Und wenn die Liebe zu dem Partner ganz erkaltet sein sollte, dann verwandelt sich die Wachsamkeit allmählich in ein Wunschdenken: *»Ach, wenn er mich doch betrügen würde, dann wäre ich entschuldigt. Dann dürfte ich auch.«*

Grillparzers scharfe, wenn auch pessimistische Beobachtung kann manche Menschen dazu anregen, einmal ganz klaren Herzens zu prüfen, ob ihre Eifersucht aus Liebe entsteht oder aus erloschener Liebe. Ob sie aus dem Feuer brennend heißer Leidenschaft kommt oder aus der Asche erloschener Liebe.

Was Eifersucht bewirkt

Eifersucht ist das Äußerste, was das Menschenherz an ohnmächtiger Wut und Selbstverachtung aushalten kann.
Stendhal

Wut ist negative Energie, die sich nach außen richtet. Selbstverachtung ist negative Energie, die sich nach innen richtet.
Wut abzulassen kann als Entladung hilfreich sein, kann den negativen Energiestau erleichtern. Aber das Schlimme an der Wut des Eifersüchtigen ist, wie Stendhal scharf analysiert, daß sie ohne Macht ist, daß sie da, wo sie wirken oder etwas bewirken will, gar nicht ankommt: Diese Wut holt den verlorenen Partner bestimmt nicht zurück.

Verbunden mit der Selbstverachtung, einer unbegründeten, sinnlosen, aber heftigen Geringschätzung der eigenen Person, bekommt diese Wut erst den zerstörerischen Schub. Denn der andere sorgt in den Augen des Eifersüchtigen ja dafür, daß dieser sich hassenswert findet. Das führt zu blindwütigen Reaktionen, zu einer Zerstörungswut, die schwer reparable Schäden anrichtet – vor allem auch an dem Herzen des an Eifersucht Leidenden, für das es das *»Äußerste«* ist, was es *»aushalten«* kann.

Die Eifersucht ist das größte Übel und erweckt doch gerade bei den Menschen, die sie verursachen, am wenigsten Mitleid.
La Rochefoucauld

Das genau macht einen Eifersüchtigen so fassungslos: Den Partner stimmt sein Leid nicht mitleidig oder milde, es macht ihn meistens nur gereizt und ärgerlich. Eifersucht wird von vielen Psychiatern heute als echte psychische Erkrankung, häufig begleitet von psychosomatischen Erscheinungen, eingestuft. Dennoch ruft sie höchstens bei Freunden und Verwandten Mitleid hervor, und nicht bei dem, der sie auslöst.

Ist die Eifersucht unbegründet, ist diese Mitleidslosigkeit ja nachvollziehbar: Schließlich ist sie ein dauernder Mißtrauensantrag an einen Menschen, der keinerlei echten Anlaß dazu bietet.

Bei der begründeten Eifersucht wäre Mitleid allerdings wirklich zu erwarten, und sei es auch nur eines, das aus dem schlechten Gewissen erwächst. Denn ein schlechtes Gewissen sollte doch wohl jeder Mensch haben, wenn er betrügt. Aber genau das passiert nicht. Warum? Weil die Eifersucht keine Haltung ist, keine Gefühlsäußerung, die weich ist. Ein eifersüchtiger Mensch wirkt zuerst einmal nicht hilfs- oder trostbedürftig, weil er ja aktiv ist, weil er verfolgt, angreift, vorwirft.

Und Aggression ruft, es sei denn, der Angegriffene wäre ein Weiser, Gegenaggression hervor. Derjenige, der betrügt und lügt, fühlt sich geradezu berechtigt, sich gegen die eifersüchtigen Nachstellungen zu wehren.
Die oft häßlichen Äußerungsformen der Eifersucht, der scharfe Ton, die listige Verfolgung, die pausenlose Kontrolle lassen vergessen, welche geschundene Seele, welch ein blutendes Herz, welch ein zerquälter, rastloser Geist sich dahinter verbergen. Sähe das der, dem die Eifersucht gilt, er empfände sicherlich Mitleid.

Wer will, daß der Partner mitleidet, muß eben diese Verletzungen offenlegen. Und alle verletzenden und aggressiven Maßnahmen ablegen.

Eifersucht ist ein Hundegebell, das Diebe anlockt.
Karl Kraus

Wer seinen Partner ständig und grundlos mit Eifersucht verfolgt, macht andere auf diesen Menschen aufmerksam.

Beispiele
»Warum bewacht die ihren Mann denn wie ein Zerberus?«, heißt es dann. »Ist wohl seitensprungbereit. Versuchen können wir's ja einmal.«

Oder: »Weswegen beobachtet der seine Freundin denn die ganze Zeit derart mißtrauisch aus den Augenwinkeln? Die ist wohl gerne bereit, mehr als nur ein Lächeln zu riskieren. Mal sehen, ob das stimmt.«

Oder: »Was die hat, ständig telefoniert sie hinter ihm drein. Dabei ist sie eine sensationell attraktive Traumfrau. Muß ja ein erstklassiger Typ sein, wenn die Angst hat, er könnte sie betrügen. Den schau ich mir mal genauer an. Vielleicht ist sie ja gar nicht so toll.«

Oder: »Wenn der ständig hinter seiner Süßen herspioniert, hat er ja wohl das Gefühl, er sei doch nicht ganz gut genug, um sie auf Dauer zu halten. Wahrscheinlich ist da was dran, und er verdient sie eigentlich gar nicht. Da wäre ich wahrscheinlich eher ein ebenbürtiger Partner.«

Das eifersüchtige Gebelle lockt ausgerechnet solche Leute an, die der Eifersüchtige wegbeißen will.
Das heißt: Unversehens wird aus dem Warnsignal an andere, doch bitte von diesem Menschen die Finger zu lassen, die unfreiwillige Provokation zum erotischen Angriff.
So weit sollte sich also allein aus strategischen Gründen ein eifersüchtiger Mensch im Griff haben: damit es nicht alle anderen merken.

Eifersucht macht scharfsinnig und blind,
Sieht wie ein Schütz und trifft wie ein Kind.
Emanuel Geibel

Eifersüchtige Menschen schauen genau hin. Ihre Beobachtungsgabe wird mit der Zeit immer genauer und schärfer. Sie sehen wie ein Schütze, der jedes wankende Blatt im Unterholz wahrnimmt, jede flüchtige Bewegung, jede noch so leise Veränderung.

Beispiele

Warum schaut er so geistesabwesend?
Warum ist er oft so zerstreut?
Warum leuchten ihre Augen so? Warum trägt sie ihr Haar anders?
Warum kam er von diesem Wochenende im Manager-Seminar so strahlend zurück, obwohl er angeblich hart gearbeitet hat?
Warum trägt sie seit neuestem Strümpfe mit Straps, statt Strumpfhosen?
Warum lächelt sie so schmerzlich, wenn ich mit ihr berate, wo wir unseren nächsten Hochzeitstag feiern?
Warum ist er so abweisend, wenn ich mit ihm einen Umzug in eine größere Wohnung diskutieren will?

Bei begründeter Eifersucht ist diese hochsensibilisierte Aufmerksamkeit durchaus hilfreich, denn sie registriert seismographisch genau die ersten Warnsignale. Und wer die Sturmwarnung sieht und beachtet, der kann sich, bevor der Sturm losbricht, in Sicherheit bringen oder wenigstens wappnen und vorher über die richtigen Reaktionen nachdenken. Kann überlegen, wo der Rettungsanker ausgeworfen werden könnte und von wo Hilfe zu erwarten wäre.

Bei unbegründeter Eifersucht aber macht das übergenaue Hinsehen blind: blind für das, was unter der Oberfläche liegt, blind für die offenkundigen und die verborgenen Beweise dafür, daß der Partner ein treu liebender ist.
Blind vielleicht für seine Sorgen, die daran schuld sind, daß er geistesabwesend wirkt, für seine beruflichen Nöte, die ihm Angst machen vor der Zukunftsplanung.
Blind auch für sein positives Wesen und seine Bereitschaft, sich äußerlich und innerlich attraktiv zu halten, begehrenswert zu bleiben – und das nicht für einen anderen Partner.

Das mißtrauische Beobachten und Überwachen macht außerdem blind für die eigenen Probleme, die zu den eifersüchtigen Gefühlen führen. Und blind für das, was solche Eifersüchteleien anrichten: eine ganz allmähliche Zerstörung der Liebe.

Die begründete wie die unbegründete Eifersucht vernichtet diejenige Würde, deren die gute Liebe bedarf.
Gottfried Keller

Würde ist eine Vokabel, die wir im Zusammenhang mit Liebe so gut wie gar nicht mehr verwenden.
Leider; denn damit hat auch die Idee der Würde keine Bedeutung mehr für

Beziehungen – und die sollte sie haben. Den Menschen, den ich liebe, zu würdigen, ihm seine Würde immer und unter allen Umständen zu lassen, das heißt einfach, ihn anzuerkennen und ihm seine geistige wie seelische Intimsphäre zuzugestehen, die unantastbar sein sollte.

Einen Menschen herabzuwürdigen oder zu entwürdigen bedeutet, ihn bloßzustellen, ihn klein und niedrig zu machen. Das Wort *Würde* hängt in seiner Grundbedeutung mit *Wert* zusammen, inhaltlich auch. Wenn mir die Liebe nichts mehr wert ist, wenn mir der einmal geliebte Mensch nichts mehr wert ist, dann zeigt sich das darin, daß ich ihn entwürdige.
Das geschieht häufig in Streitereien, die so sehr eskalieren, daß im haltlosen Gezeter sämtliche Werte untergehen. Sobald einer den anderen einmal unterhalb der Gürtellinie angegriffen hat – wo auch verbale Schläge besonders weh tun –, dann ist es mit Wert und Würde vorbei.

Mehr als alle anderen Streitpunkte ist es die Eifersucht, die zu solchen entwürdigenden Wortschlägereien verführt. Warum?

Weil jeder, der an Eifersucht leidet, ob begründet oder unbegründet, zuallererst seine eigene Würde verliert. Er macht unwürdige Dinge: spioniert, mißtraut, hat keine Skrupel mehr, die privateste Sphäre des anderen zu durchforschen und jede Diskretion zu mißachten.
Das ist ein gräßliches Gefühl: sich selbst derart zu erniedrigen und beschämende Dinge zu tun und düstere Verdächtigungen in sich herumzutragen. Ein eifersüchtiger Mensch ist deshalb tief unglücklich über sich selbst. Er hat keinen Respekt mehr vor sich – und daher auch nicht mehr vor dem anderen. Den will er auf sein Niveau herunterziehen. Und das geschieht, indem er ihn vor allem im sexuellen Bereich beschimpft.

Wohlerzogene Frauen, die sonst zusammenzucken, wenn jemand unflätige Ausdrücke gebraucht, erbrechen auf einmal eine Flut obszönster Vokabeln, um die Frau zu besudeln, die schuld zu sein scheint an der vermuteten Untreue ihres Mannes. Und Männer, die sich jahrelang in vornehmster Zurückhaltung und Überlegenheit geübt haben, geifern haltlos gegen den Mann, der ihre Frau verführt haben soll.

Würdelos ist und macht schlimme Eifersucht in jeder Hinsicht. Denn sie erkennt keine Werte mehr an. Sie entwertet alles, was schön war und gut ist in einer Beziehung, sie entwertet das körperliche und das seelische Glück, das zwei Menschen miteinander geteilt haben, sie entwertet die Vergangenheit und die Gegenwart.
Und leider meistens auch die Zukunft.

Mein Rat

Wer in sich jähe eifersüchtige Gefühle aufwallen fühlt und den Drang verspürt, sie quasi zu erbrechen, für den ist es wichtig, erst einmal tief durchzuatmen und zu versuchen, seinen Wortschatz so gut wie möglich unter Kontrolle zu bekommen, ebenso wie auch den Tonfall, die Lautstärke, die Stimmlage.

Denn wenn ich meine Eifersucht liebend formuliere und meine Trauer ruhig und ehrlich ausdrücke, dann hat der Partner die Möglichkeit, auf mich einzugehen und mich seiner Liebe zu versichern. Oder auch reuig zu gestehen, er habe wirklich betrogen. Wenn ich dagegen ihn und den (vermeintlichen) Nebenbuhler beschimpfe, würde er nur wütend die mit vulgären Worten angegriffene Person verteidigen und alles andere leugnen.

Hunger nach Beweisen

Dinge, leicht wie Luft, sind für die Eifersucht Beweis, so stark wie Bibelsprüche.
William Shakespeare

Außenstehenden scheinen viele Eifersüchtige masochistisch zu sein: Fieberhaft suchen sie nach Beweisen für die Untreue des Partners, obwohl sie sich vor diesen Beweisen fürchten.
Aber die Angst vor dem Ungewissen ist durchaus menschlich. Zu wissen, woran ich bin, worauf ich meine Energien konzentrieren muß; zu wissen, wo der Feind steht, ist mit Sicherheit weniger entnervend, als überall Feinde zu wittern, ohne einen einzigen ausmachen zu können.

Beweise können trügen

Bei der begründeten Eifersucht ist die Suche nach dem Beweis der Versuch, Wahn von Wirklichkeit zu trennen. Denn wen die Eifersucht packt, der spürt meist sehr deutlich den zunehmenden Verlust an Wirklichkeit. Der Beweis wird mehr und mehr zum ersehnten, wenn auch schmerzhaften Schlag, der alle Entscheidungen abnimmt.
Die Gefahr ist allerdings sehr groß, aus diesem bebenden Verlangen nach der schlimmen Gewißheit auch Beweise als sicher zu nehmen, als unwiderlegbar, wenn sie das nicht sind.

Beispiel
Da berichtet eine Freundin der anderen, sie habe deren Mann mit einer auffallend hübschen Frau im Arm spazierengehen sehen. Und wenn diese Nachricht aus glaubwürdigem Munde kommt und in ein verunsichertes Herz fällt, dann wird da nicht lange gefragt und hinterfragt, sondern der Mann konfrontiert mit Beschuldigungen.

Sollten die Vorwürfe ihn zu Unrecht treffen, kann damit die Liebe vernichtet werden. Denn die so lange angestauten Gefühle brechen unkontrolliert aus der Partnerin wie ein schreckliches Unwetter hervor: in verletzendem Ton, mit Wörtern, die wehtun, und Vorwürfen, die Wunden schlagen.
Ein Mensch, der mit haßverzerrtem Gesicht hemmungslos und haltlos geifert, verliert viel von dem, was ihn für den Partner begehrenswert macht. Und nur wenn dessen Liebe so groß ist wie seine Verständnisbereitschaft für den anderen, übersteht sie dieses Unwetter.

»Sieh mir in die Augen, Kleines«, wurde zum berühmtesten Satz der Filmgeschichte. Und wurde mit zunehmender Berühmtheit immer bedeutungsloser. Die meisten Menschen können nicht mehr lesen, was in den Augen des anderen steht, was, wie es so bildhaft heißt, ihm ins Gesicht geschrieben ist.

Deswegen suchen sie nach anderen Methoden, die Wahrheit über einen Menschen zu ergründen. Methoden, die ein trügerisches Gefühl von Sicherheit geben. Als könnten wir uns mit Beweisen gegen Zweifel und Fehler feien, als wäre alles und jedes Geschehen und Empfinden beweisbar oder widerlegbar wie ein mathematischer Lehrsatz.

Spurensuche ohne Grund

Bei der unbegründeten Eifersucht sieht die Beweislage noch dramatischer aus. Schon deswegen, weil der Partner ständig sagt: *»Das bildest du dir doch nur ein.«* Schon deswegen, weil oft auch aus dem Freundeskreis die Bitte kommt, den armen Menschen nicht ständig mit Eifersucht zu verfolgen, da es keinen Anlaß gäbe. Schon deswegen also, weil ein grundlos Eifersüchtiger sich ständig genötigt sieht, zu betonen, er sei doch nicht verrückt, er leide doch nicht an Wahnvorstellungen, ist er gierig nach dem Beweis, der endlich all jene Lügen straft, die das Ganze für ein selbstgemachtes Problem halten.

Wer grundlos eifersüchtig ist, ahnt, wie sehr er sich selbst ständig demütigt, wie sehr er seine Würde aufgibt. Um so mehr sehnt er sich nach einem Triumph – und sei dieser nur der negative, selbstzerstörerische –, den Betrug des anderen bewiesen zu haben und damit den eigenen Verdacht bestätigt.

Wenn es sein muß – mit Detektiv

Das Vetrauen ins eigene Gespür ist nun einmal bei den meisten Menschen schwer erschüttert und gestört. Weil es mühsam und schwierig ist, diesen Wahrnehmungsapparat wieder zu trainieren – ein Kurs in Körpersprache wäre da erst das kleine ABC – setzen viele Eifersuchtkranke auf sogenannte professionelle Hilfe.
Der Job des Privatdetektivs ist freilich alles andere als neu. In Filmen und Büchern: von spannend bis komisch. In der Wirklichkeit eher trostlos. Denn es baut nicht gerade auf, hauptberuflich anderer Leute Verdacht und Mißtrauen zu bestätigen.

Neu ist, daß dieses Mißtrauen mittlerweile monströse Formen angenommen hat, wie eine neue Branche beweist: die der detektivischen Verführer.
Oder besser gesagt: der bezahlten Versucher.

Beispiel
»Die Versuchung des Heiligen Anton«, heißt eine berühmte Heiligenlegende. Der Einsiedler, auch »Wüstenvater« genannt, wurde vom Teufel versucht, der in Begleitung sehr aufreizender und ver-

führerischer Frauen erschien. Obwohl Antonius nach Jahren der Askese möglicherweise sexuell ausgehungert war, widerstand er.

Aber Antonius ist nun mal ein Heiliger, der auch tapfer seine Martyrien durchlitten hat. Mittlerweile scheinen ganz normale Menschen von ihren ganz normalen Partnern ein ähnlich heiligenmäßiges Verhalten zu erwarten. Und sie suchen jemanden, der den teuflischen Job übernimmt, den angeblich geliebten Menschen mit allen Mitteln in Versuchung zu führen.

Verführerinnen auf Bestellung

Bis jetzt sind erst weibliche Experten in einem Metier bekannt, das auch von einer Frau erfunden worden ist: dem der bezahlten Verführer.
Der Presse verriet die Gründerin ihre Tricks, ihren Namen jedoch nicht, und auch das Gesicht muß sie aus beruflichen Gründen verbergen. Was sie tut, macht Männern Angst, denn sie versucht hartnäckig, in immer neuen Anläufen, den Widerstand der Opfer zu brechen.
Früher hat sie Herren liebesbedient, jetzt bedient sie Damen, meist aus den oberen Kreisen – mit Informationen. Mit dem, was unter dem gefährlichen Namen »Beweis« gehandelt wird.
Die Damen wissen nämlich nicht, ob sie ihrem Gatten oder Freund trauen sollen oder nicht. Ihr Bauch sagt es ihnen nicht, ihr Kopf genausowenig und ein normaler Privatdetektiv könnte es ihnen auch nicht sagen. Es geht schließlich nicht darum, den Ehemann oder Eheanwärter in flagranti zu erwischen, es geht darum, seine Anfälligkeit prophylaktisch zu testen. Anders gesagt: Was tut der Gute, wenn ihm an geeignetem Ort in geeignetem Augenblick seine Traumfrau über den Weg läuft und behauptet, immer von ihm geträumt zu haben?

Diese Traumfrau gibt es natürlich nicht, sie wird geklont. Nach Angaben der Auftraggeberin verkleidet sie sich in die jeweilige Traumfrau, wahlweise mit schwarzem, rotem oder blondem Haar, großem oder kleinem Busen, roten Krallen und Vamp-Look oder braven, kurzen Nägeln und Unschulds-Outfit.
Und so führt sie den Prüfling mit allen Mitteln in Versuchung. Bleibt er standhaft, nimmt sie auftragsgemäß den zweiten Anlauf.
Warum nehmen Frauen professionelle Versucherinnen in Anspruch? Weil sie sich nicht imstande fühlen, den Mann an ihrer Seite zu durchschauen. Und weil sie gepeinigt sind von Eifersucht. Dieses Berufsbild zeigt, was die Eifersucht bei uns gedeihen läßt wie tropische Pflanzen: Es ist ein Klima, das frei

ist von Menschenkenntnis. Da herrscht nur der blasse Dunst davon, daß ein Mensch nicht berechenbar ist, nicht kalkulierbar.

Das falsche Bild vom Nebenbuhler

Das Andachtsbild einer verwundeten Seele ist das Feindbild. Eifersüchtige Menschen, besonders dann, wenn ihre Eifersucht Grund hat, erheben logischerweise den Nebenbuhler oder die Nebenbuhlerin zum absoluten Feind. Und das einleuchtende Ergebnis dieser Übung ist der Satz: *»Dieser Typ hat mir meine Frau weggenommen. Oder: Dieses Flittchen hat mir meinen Mann weggenommen.«*

Zugegeben, es gibt den Typ dessen, was in Amerika *Home-Cracker* genannt wird. Menschen, die ein dunkles Vergnügen daran haben, in die eheliche Eintracht Zwietracht zu säen, das glückliche Heim zu verwüsten und dann Leine zu ziehen, um an anderer Stelle das gleiche Spiel zu wiederholen. Aber sogar diese zutiefst unsicheren und innerlich unglücklichen *Home-Cracker*, die aus dem Zerstören von Glück kurzfristig Energie beziehen, weil sie selber dieses Glück nicht kennen, sogar die können nur dort angreifen, wo eine Schwäche vorhanden ist.

Starke Bande

Entgegen anderslautenden Klischees ergeben Befragungen: Die meisten Menschen haben durchaus Hemmungen, eine Beziehung anzufangen mit einem anderen, der gebunden ist und das auch zu erkennen gibt. Ein Mensch, der seinen Partner verleugnet, ist ja ohnehin einer, der dem angeblichen Partnerschafts-Einbrecher die Türen aufschließt. Aber sogar Verhältnisse mit jemandem, der fest liiert ist, scheitern oft daran, daß der Neue oder die Neue spürt: Da ist etwas Starkes und Dichtes zwischen den beiden, die verbindet etwas Besonderes, das ich nicht auflösen kann und will.

Die Skrupel werden allerdings deutlich verringert, wenn dieses Gebäude baufällig ist. Sei es, weil sich da zwei Menschen auseinandergelebt haben und sie mehr als jedes Gefühl die Gewohnheit verbindet, vielleicht auch die Konvention, die Angst vorm Alleinsein oder die Bequemlichkeit.
Sei es, daß ein Mann der neuen Frau im Leben gesteht, seine Ehe sei längst ruiniert, oder daß eine Frau umgekehrt dasselbe dem Mann bekennt, der unerwartet und doch ersehnt in ihr zur Routine erlahmtes Leben tritt.

Fluchthelfer

Klar ist: Der Ausbruch aus einer Partnerschaft wird leichter mit einem Fluchthelfer. Die Angst vor dem Nichts wird genommen, denn es gibt da ein Wohin. Aufzubrechen mit einem Ziel im Auge fällt jedem Menschen leichter als wegzugehen in eine unbekannnte Zukunft. Aber auch der Fluchthelfer hat nur eine Chance, seine Dienste anzubieten, wenn Interesse am Fliehen besteht. Will der Partner gar nicht weg, ist der Fluchthelfer arbeitslos.
Und der Gedanke, der Partner sei einem weggenommen worden, erscheint natürlich auch deswegen so verlockend, weil er jede Art von Selbstkritik erspart. Wie das Feindbilder ja auch in der Politik zu leisten imstande sind: Ablenken von inneren Problemen durch äußere, heißt da die bewährte Devise.
Wer in sich den Gedanken wachsen spürt: da ist jemand, der mir meinen Partner weggenommen hat. Wer merkt, daß diese Idee bereits so stark geworden ist, daß sie nicht mehr ausgezupft werden kann wie ein Unkraut, für den ist es hilfreich, innezuhalten und einmal nachzudenken, ob er nicht auch seinen Teil dazu beigetragen hat.
Nüchtern muß jeder eifersüchtige Mensch sich eingestehen: derjenige, der angeblich den Partner weggenommen hat, muß ja etwas bieten. Und andererseits muß der Partner keinen allzugroßen Widerstand geleistet haben. Der Satz: *»Ich bin glücklich verheiratet«* oder: *»Ich lebe in einer sehr schönen Partnerschaft«* – das ist eine so eindeutige Barriere, daß sie kaum ein Mensch, der eine längerfristige Beziehung anstrebt, ignorieren würde.

Positive Ausstrahlung ist ein Stabilisierungsfaktor von ungeahnter Stärke. Und wer dafür sorgt, daß er die nicht nur spielt, sondern auch dann hat, wenn der Partner mal alleine unterwegs ist, braucht vor bösen Intriganten, die ihn wegnehmen wollen, keine Angst zu haben.

Vorbeugen und langfristig genesen

Ist ein Mensch lernfähig, wird er durch Unfälle vorsichtiger!
Wer einen Auffahrunfall verursacht hat, fährt danach langsamer.
Wer sich durch zuviel Raucherei und Streß einen Herzinfarkt beschafft hat, hört auf zu rauchen und lernt, sein Alltagsleben umzustrukturieren.
Wer mit Alkohol im Blut aus der Rolle gefallen ist, seinen Job verloren hat, hört auf zu trinken oder übt es, den Konsum zu kontrollieren.
»Das soll mir nicht nochmal passieren«, warnt eine Leuchtschrift im Hirn.

Leider lernen wir von Seelenunfällen weniger. Nach dem Unfall Eifersuchtsdrama, ganz gleichgültig wie schwer die Verletzungen waren und wie lange der Betroffene an den Folgen herumdoktert, ist die heikle Frage zu beantworten:
»Was kann ich tun zur Vorbeugung, wie kann ich einen Rückfall verhindern?«

Dazu muß mir klar sein: Ich bin betrogen worden oder habe mir eingebildet, hintergangen zu werden, weil ich keinen Instinkt besitze für das, was mein Partner fühlt, denkt und tut. Also heißt es: diese Instinksicherheit zu trainieren. Denn vorhanden ist sie in so gut wie jedem Menschen.
Einfach ist das nicht, aber lohnend.

Instinkte: die verschüttete Weisheit der Natur

Nackte Zahlen haben es verraten, was sich Millionen von Menschen in der zivilisierten Welt wünschen:
die Kraft des Unzivilisierten. Die Kraft der Urinstinkte.
Die Kraft der weiblichen Urinstinkte heißt der Untertitel des Buches von Clarissa P. Estes, *Die Wolfsfrau*, das in den USA und Europa zum Bestseller wurde. Die sensationellen Verkaufszahlen sagen es unumwunden: Wir alle ahnen, daß wir auf dieses Frühwarnsystem nicht verzichten können, das sämtlichen anderen überlegen ist. In Bruchstücken findet es sich noch in den meisten Menschen.

Fast jeder kennt das ungemütliche Gefühl bei einer ersten Begegnung, das er dann vergessen wollte und schließlich erfolgreich verdrängte. Bis es sich als schmerzlich richtig erwies.
Fast jeder kennt Situationen, wo ein Warnlämpchen anging im Hirn, das danach mit nüchternen Argumenten wieder ausgeknipst wurde.
Oder auch dieses Wärmegefühl, das im ersten Augenblick durch Kopf und Körper strömte und später wegen all den bösen Gerüchten und Klatschgeschichten über diese Person wieder in Vergessenheit geriet.

Instinkte: die verschüttete Weisheit der Natur

Die Macht des ersten Eindrucks

Es gibt, das wissen besonders Künstler sehr genau, die Qualität des ersten Gedankens, der oft von irgendwelchen Einsprüchen, Unsicherheiten und Zweifeln verschüttet wird, bevor er, mühsam ausgegraben, zum Tragen kommt. *»Hüten Sie sich«*, heißt ein schlauer Spruch, *»vor dem ersten Eindruck. Er ist der richtige.«*

Menschen, die gerade erfahren haben, daß sie betrogen wurden, daß ihre Eifersucht gerechtfertigt war, denen tut diese Weisheit weh. Sie erinnern sich daran, wie sie diesen Mann, wie sie diese Frau zum erstenmal getroffen haben.

Beispiel

Er war hin und weg von ihren Beinen, ihrem schönen, fröhlichen Mund, ihren geistreichen Bemerkungen und ihren sinnlichen Bewegungen. Aber irgendwie traute er ihr nicht. Was es war? Ja, es waren die Augen, diese wunderschönen, verlogenen Augen. Nicht, daß sie seinem Blick ausgewichen wäre. Sie sah ihn unverwandt an, ganz direkt. Trotzdem, er traute diesem Blick nicht. Aber da waren die Beine, der Mund, die Bemerkungen.

Und dann, als er tags darauf überlegte, ob er sie anrufen sollte, fiel ihm die psychologische Binsenweisheit ein, Lügner könnten einem nicht in die Augen sehen. Wer hingegen gerade, ohne zu zwinkern, den anderen anblicke, der sei auch ein unverstellter Charakter. Jetzt, nachdem er erfahren hat, daß sie seit neun Monaten schon einen anderen Mann liebt, daß sie seit einem dreiviertel Jahr schon überlegt, wie sie sich aus der alten Beziehung am bequemsten hinausschälen könnte, daß sie ihm aber noch unterm Christbaum Liebesschwüre ins Ohr geflüstert und ihn so schmelzend angesehen hatte, da erinnert er sich an die Empfindungen, die ihr Blick bei der ersten Begegnung in ihm hervorgerufen hatte. War der nicht einer von jener Art gewesen, wie ihn eine Schauspielerin beherrscht, der gesagt wird: Mach mal auf offenen Blick?

Ein instinktsicherer Mensch registriert nicht nur eine Dimension der jeweiligen Situation, er nimmt gleichzeitig alles mögliche auf: Gerüche und Farben, Stimmungen und Bewegungen, Geräusche und Blicke. Doch dazu muß er offen sein, völlig offen. Er braucht nicht nur offene Augen und Ohren, sondern auch offene Poren auf der Seele. Wer dort eine Hornhaut hat, wird nie instinktsicher reagieren.

Instinktsichere Menschen sperren sich nicht dagegen, wenn ihnen etwas unter die Haut geht und bis in ihr Inneres vordringt, ins Unbewußte. Vielleicht sind sie dadurch verletzbarer, daß sie keine

Hornhäute haben, keine Panzer, keine Schutz- und Abwehrmechanismen. Aber die Sensibilität für den Augenblick bewahrt sie, auch wenn dieser Augenblick verletzend sein sollte, vor den Schmerzen, die diejenigen erfahren, die nur der Vernunft gehorchen. Und das so lange, bis diese sie verrät.
Instinktsicher sein heißt: sicher zu sein, daß das Unbewußte das richtige wahrnimmt. Instinktsicherheit heißt auch: dieser Empfindung, diesem Riecher *nicht* zu mißtrauen.
Wer gerne vor Fehlern bewahrt werden will, wer die Wahrnehmungsfähigkeit des Unbewußten verfeinern will, kann es trainieren.

Die Instinkte trainieren

Testen Sie Ihre Fähigkeit, das zu erspüren, was nicht offen zutage liegt. Beobachten Sie sich selbst genau.

Überlegen Sie

- Spüre ich es, wenn jemand mich ansieht? Spüre ich Blicke in meinem Rücken. Oder bilde ich sie mir nur ein?
- Kann ich meine Träume deuten, habe ich einen Sinn dafür, was sie mir über mich erzählen?
- Wenn ich einen Raum betrete, empfinde ich die Stimmung dort richtig? Ob sie heiter und gelassen ist oder angespannt und unnatürlich fröhlich?
- Höre ich in einer Stimme Untertöne?
- Habe ich die Klischees aus meinem Hirn und meinem Herzen verbannt? Gelingt es mir ein Ohr einfach nur als ein Ohr zu sehen und nicht zu schielen, ob die Ohrläppchen angewachsen sind? Und denke ich, sollten sie es sein, dann nicht sofort an den Spruch, das weise auf seelische Grausamkeit hin?
- Merke ich es, ob jemand mir gut will oder böse? Ob eine andere Frau mich mißgünstig beäugt oder ob sie mich mit liebevollem Wohlgefallen betrachtet? Merke ich, ob der Kollege mich schätzt oder mir nur aus opportunistischen Gründen schmeichelt?
- Wittere ich hinter bewundernden Worten auch mal die Berechnung? Hinter großen Versprechen den Kleingeist?

Wer seine Empfindsamkeit und Instinktsicherheit trainiert, ist auch nicht mehr derart süchtig nach Beweisen. Denn so jemand glaubt an das, was ihm das Unbewußte souffliert.

Meditation heißt: die Gedanken kommen lassen. Genauso können wir das Unbewußte kommen lassen. Wenn es sich nicht sofort meldet, dann geben Sie ihm Zeit. Ziehen Sie sich zurück bei Musik, die Sie emotional berührt, und lassen Sie die Situtationen, um die es geht, vor sich ablaufen wie einen Film in Zeitlupe. Und auf einmal spüren Sie die Wahrheit.

Verborgene Wut erkennen

In dem Ausdruck »blinde Wut« liegt viel Scharfsinn. Auch die Wut der Eifersucht macht blind. Sie trifft immer den Partner, denn der scheint ja schuld zu sein an den angestauten Aggressionen, die unter dem mühsam zugehaltenen Deckel der Beherrschung brodeln.
Oft kommt diese Wut ganz woanders her. Und hatte nur vorher nie Gelegenheit, endlich loszulegen, überzukochen ohne Hemmungen. Die Eifersucht ist in solchen Fällen nur ein Ventil. Wer es schafft, das klar zu sehen, erkennt vielleicht auch den eigentlichen Ursprung der aggressiven Gefühle in sich.

Wenn aus Selbstbeherrschung Kontrollzwang wird

Beispiel

Er ist ein hübscher Kerl aus gutem Haus, Medizinstudent. Die Eltern haben ihn streng erzogen, mit bestem Willen. Aber sie haben ihm Selbstbeherrschung derartig eingetrimmt, daß er unter einem übertriebenen Kontrollzwang leidet. Und kontrolliert wird nun auch die Freundin. Geradezu logisch, daß er zur Eifersucht neigt.
Ausgerechnet jetzt, vor dem Examen, hat er sich in ein Mädchen verliebt, die seiner Eifersucht jede Menge Nahrung liefert. Sie flirtet vor seinen Augen mit seinen besten Freunden, und was sie hinter seinem Rücken macht, ist für ihn klar. Aber er will mehr als Vermutungen: Er will es wissen, in allen Details, wann sie es mit wem getrieben hat, wie sie ihn betrügt. Er wird zum Großinquisitor, wenn er sie befragt, er bohrt stundenlang. Und sie genießt ihre Wichtigkeit, wenn sie ihm erzählt, wer alles auf sie steht. Sie kostet es aus, ihre Macht über ihn zu spüren, der sie trotz all der Seitensprünge nicht verläßt. Und lästert im Freundeskreis fröhlich, er sei wohl ein Masochist, daß er das alles so genau wissen wolle.
Er ist keineswegs masochistisch: Er ist ein Mensch, der unter seinem Kontrollzwang leidet, unter seiner übertriebenen Selbstkontrolle. Er leidet daran, daß er

so schwer Emotionen zeigen kann oder seine Wut rauslassen, weil ihm anerzogen wurde, das sei etwas Schlechtes. Aber wenn seine Partnerin ihm endlich Anlässe liefert, wenn sie ihn derart reizt, dann darf er endlich die Wut rauslassen, sie anbrüllen und schütteln.
Und das tut ihm gut. Er spürt, wie all die angestauten Aggressionen – die nicht nur ihr gelten, sondern auch mal gemeinen Kommilitonen, seinen Eltern oder einem Professor – sich entladen können.

Wenn die eigene Unzufriedenheit sich entlädt in Eifersucht

Beispiel

Sie ist verheiratet, hat zwei Wunschkinder und ein schönes Zuhause, er hat einen Beruf und ist sehr erfolgreich. An guten Tagen ist das alles wunderbar. Aber an schlechten, wenn sie von der Mutter gehört hat, daß ihre Schwester befördert worden ist, oder die Freundin anruft, um zu erzählen, welchen neuen Traumjob sie erobert habe vor allen Mitbewerbern, wenn an diesem Tag auch noch die Kinder lästig sind, dann wird sie aggressiv.
Warum nur hat sie ihre Stelle aufgegeben? Warum nur hat sie ihr Studium nicht beendet? Warum hat sie sich auf diese Mutterrolle eingelassen und ist eine von Millionen Müttern geworden, anstatt ein Star zu werden in ihrer Branche, was sie leicht hätte werden können? Warum muß sie hier festsitzen in ihrem adretten Gefängnis, während er dauernd raus- und rumkommt? Sie haßt ihren Mann dafür, sie haßt sogar die Kinder dafür an diesem Tag.
Da kommt er zu spät heim und erzählt ganz offen, er habe sich mit der wahnsinnig netten neuen Kollegin verratscht.
»Wo denn bitte?«
»Bei dem kleinen Italiener neben dem Büro.«
»Aha, und ist sie außer nett auch noch hübsch?«
»Sehr hübsch.«
Jetzt endlich darf sie, jetzt hat sie ein Alibi für ihre Aggressionen, die aus ihrer persönlichen Unzufriedenheit erwachsen. Daß er sich am Abend mit einer attraktiven Frau herumtreibt bei Carpaccio, Chianti und Bistecca Fiorentina, während sie hier mit der Brut an der Brust mit dem Essen wartet.

Eifersucht als Ventil zu nutzen, um eigene Probleme nicht lösen zu müssen, scheint praktisch zu sein. Ist aber über längere Zeit gefährlich. Denn daraus kann sich irgendwann wirklich eine Beziehung entwickeln, in der der eine voller Haß treu ist, während der andere fremdgeht und kühl den Tribut zahlt: einmal pro Woche weghören, wenn der Partner tobt.

Sich dem Schmerz stellen

Eifersucht ist wie eine Glut.
Und wie ein Märtyrer, festgebunden am Marterpfahl, kann ich versuchen, die Glut zu ertragen. Ich spüre, wie Brandmale entstehen auf meiner Haut, ich zucke zusammen unter jeder neuen Stelle, die verbrennt. Aber ich kann meinen Willen darauf konzentrieren, all meinen Willen, mich nicht versengen zu lassen davon. Ich kann die Kraft meiner Gedanken sammeln in der Sicherheit, zu überleben.

Heilung durch die Kraft der Gedanken

Ich stelle mir vor, wie der Schmerz ganz, ganz allmählich nachläßt, wie ich die Wunden pflegen werde, wie das Brennen langsam, langsam schwindet und die Wunden verheilen.

Wenn der Schmerz der Eifersucht unentrinnbar ist, gibt es nur zwei Möglichkeiten, damit umzugehen.

Die erste: Ich versuche, ihm zu entrinnen, indem ich mit dem letzten und schlimmsten Mittel flehe, mich zu erlösen. Ich lege Hand an mich, ich riskiere ein Leben, das ich letztlich nicht aufgeben will, um den geliebten Menschen zum Mit-Leiden und zum Erbarmen zu bewegen. Diese Methode ist riskant und schrecklich. Und ein mißglückter Selbstmordversuch ist makabrerweise wirkungslos.

Die zweite: Ich stelle mich dem Schmerz und beschließe, ihn auszuhalten. Und das funktioniert nur, wenn ich nichts beschönige. Wenn ich mir ihn in dem größtmöglichen Ausmaß vorstelle. Wenn ich gleichsam den Teufel an die Wand male.

Ich stelle mir vor, der geliebte Mensch entschiede sich für jemand anderen. Ich werde ohne ihn leben müssen. Ich stelle mir vor, wie ein Leben ohne ihn aussehen würde. Ich male mir das Dasein als Single ganz deutlich aus:

Wie wird es sein, wenn wir unsere Sachen aufteilen?
Wie wird es sein, ohne sie einzuschlafen? Wie wird es sein, ohne ihn aufzuwachen?
Mit wem werde ich zu Abend essen?
Mit wem werde ich in Urlaub fahren?
Wer wird mich ins Kino begleiten?
Welche Wege werde ich allein gehen, wo muß ich mir einen neuen Gefährten, eine neue Begleiterin suchen?
Wo ziehe ich hin? Wie richte ich meine Wohnung ein? Werde ich andere Farben wählen als die, die sie so liebt?
Werde ich mir Möbel suchen in dem Stil, den er so mochte, oder extrem verschiedene?
Was mache ich gegen meine Schlaflosigkeit und gegen meine Depressionen?

Je mehr ich erdulden lerne von diesem Schmerz und je bewußter ich ihn ertrage, desto stärker werde ich.
So stark, daß ich sogar die Angst davor verliere, mich wieder zu verlieben und wieder eifersüchtig zu werden, so sehr, daß es mich zu verbrennen scheint.
Das ist der härteste und schlimmste Weg, mit Eifersucht umzugehen. Aber für manche Menschen ist es der einzig richtige.

Schnellkurs in Selbstsicherheit

Für Eifersüchtige ist es vordringlich, daß sie ihr eigenes Selbstbild täglich stärken und ihr verunsichertes Ich stabilisieren. Das Sechs-Punkte-Programm kann Ihnen als erste Anregung dienen, wie Sie sich selbst positiv beeinflussen.

1. In die Offensive gehen

Vergleichen Sie sich ständig mit anderen Frauen oder Männern, die in Ihren Augen schöner, strahlender oder intelligenter sind? Dann wissen Sie, wozu das führt: Ihr eigener Charme erlischt. Das dauernde Beobachten vermeintlicher Konkurrenz macht verhärmt und häßlich. Alles, was Sie auszeichnet, alles Besondere, verschwindet. Versuchen Sie deswegen sich nicht selbst in die Defensive zu drängen, sondern in die Offensive zu gehen. Verstecken Sie nicht nur schamhaft das, was Sie an sich mangelhaft finden. Zeigen Sie, was an Ihnen schön und faszinierend ist. Betonen Sie es, so stark Sie können.

2. Mängel werden Markenzeichen

Zelebrieren Sie selbstquälerische Betrachtungen? Lieben Sie es, die Mängel Ihrer Figur bis ins kleinste zu registrieren und im Spiegelschränkchen so lange Ihr Profil zu betrachten, bis sie daran alles gestört finden?

Dann denken Sie mal an die lange Nase von Barbra Streisand, an das Kinn von Bette Midler, an Marylin Monroes Stummelbeinchen, an die Schlupflider der Charlotte Rampling und an Isabella Rossellinis pummelige Hüften.
Denken Sie an Roberto Benignis fliehende Kinnpartie, an Sean Connerys lange versteckte Glatze, an die Boxerhund-Visage von Walter Matthau.
Und dann beschließen Sie einfach, wie diese Stars aus jedem vermeintlichen Mangel ein Markenzeichen zu machen. Spüren Sie den Sex-Appeal dieser Besonderheit, der Sie einzigartig macht und unverwechselbar.

3. Stärken erkennen, zu Schwächen stehen

Finden Sie sich manchmal viel zu schade für Ihren Partner und dann wieder gar nicht wert, mit diesem Menschen zusammenzusein? Denken Sie zeitweise, die ganze Welt unterschätze Sie und Ihre Begabungen, und befallen Sie dann wieder nagende Zweifel an Ihren Fähigkeiten und Ihrer Kompetenz?
Dann machen Sie mal einen ganz nüchternen Check-Up Ihrer geistigen und charakterlichen Stärken und Schwächen. Schreiben Sie sie in eine Tabelle mit zwei Spalten. Bitten Sie Ihren Partner, eine ebensolche Tabelle – links die Schwächen, rechts die Stärken – über Sie zu verfertigen.
Und dann drehen Sie das Ganze um: Sie machen beide einen Check-Up seiner positiven und negativen Eigenschaften. Diese Methode hilft, zu erkennen, wo die Selbstkritik und die Selbstvorwürfe berechtigt sind und wo nicht.

Ihr Ziel sollte sein, allzu heftige Schwankungen in Ihrem Ich-Gefühl auszugleichen, denn solche Menschen sind anfällig für Kränkungen.

Und denken Sie immer daran: Wer allzu perfekt ist, wird langweilig oder erscheint anderen unerreichbar – und damit uninteressant.

4. Ausdruck und Körpergefühl trainieren

Wissen Sie gar nicht richtig einzuschätzen, wie Sie auf andere wirken? Wie Ihre Stimme klingt im Gespräch, ob Sie zu laut lachen oder zu schüchtern vor sich hinpiepsen? Dann lassen Sie mal bei einem Abendessen mit Ihrem Partner oder Freunden ein Band mitlaufen und hören es sich später an.
Auch Ihre Bewegungen können Sie mit Hilfe eines Mediums studieren: Wenn bei einem Fest ein Video gedreht wurde, auf dem Sie zu sehen sind, leihen Sie sich's aus. Wenn Ihr Partner im Urlaub gefilmt hat, sehen Sie sich's an.

Stelzen Sie allzu affektiert umeinander oder schlurfen Sie ein bißchen? Neigen Sie dazu, bucklig am Tisch zusammenzusacken oder strecken Sie die Brust etwas zu heftig raus? Hängen Sie gern lasch in Sesseln rum oder sitzen Sie geradezu soldatisch aufrecht und zu steif auf Ihrem Stühlchen?
Bewegung drückt den Zustand der Seele aus. Aber die Seele läßt sich auch umgekehrt beeinflussen: Wer durch Tanz oder Gymnastik lernt, sich anders, bewußt und trotzdem gelöst, zu bewegen, regt dadurch die Psyche positiv an. Nicht nur die eigene: auch die von anderen.

5. Finden Sie Ihren eigenen Stil

Sind Sie immer wieder versucht, den Stil anderer Leute zu kopieren, die Sie beeindrucken? Versuchen Sie krampfhaft, sich einzuprägen, wie die kombinieren und welche Extravaganzen sie sich leisten?
Dann hören Sie sofort mit den Imitationsübungen auf. Und entwickeln Sie Ihren Stil. Das klingt zwar unendlich mühsam und nach jahrelanger Arbeit, ist aber nur eine Frage der Selbsterkenntnis und des Mutes, zu sich zu stehen. Sie lieben meinetwegen Pink, ob das nun Mode ist oder nicht. Dann tragen Sie es und machen Sie die Farbe zu Ihrem Kennzeichen. Sie lieben Hüte, obwohl manche behaupten, das sei exaltiert. Tragen Sie welche! Sie haben eine Vorliebe für Stöckelschuhe, obwohl alle um Sie herum Springerstiefel tragen oder flache Absätze. Dann lassen Sie sich um nichts in der Welt von Ihren *High Heels* abbringen.

Stil entsteht nicht durch Vorbilder, sondern dadurch, daß ein Mensch ein Bild von sich selber hat. *Styling* kommt von außen, Stil von innen. Und überzeugend wirkt Stil nur dann, wenn er unangestrengt wirkt. Dann verleiht er Sicherheit und Charisma.

6. Selbständig werden

Haben Sie das Gefühl, ohne Ihren Partner amputiert zu sein, weil Sie vieles nicht können, was er kann? Dann lernen Sie genau das. Ob es sich um Kuchenbacken oder Videoprogrammieren dreht, um Knöpfeannähen oder Lampenreparieren; ob es darum geht, die Waschmaschine zu bedienen, den Rasenmäher oder den Computer.
Unselbständigkeit macht eifersüchtig, denn dann heißt es: Ich muß meinen Partner um jeden Preis halten, weil ich mich ohne ihn nicht überlebensfähig fühle. Werden Sie zu einem Allround-Talent in den banalen Dingen des Lebens. Das gibt Ihnen Stärke und Sicherheit auch in der Partnerschaft.

Die guten Seiten der Eifersucht

»Neid und Eifersucht sind die Dornen im Rosengarten der Liebe«, hat Wilhelm Heinse geschrieben.
Dornen gehören zur Rose. Dornen sind natürlich. Also gehört, laut Heinse, Eifersucht zur Liebe. Und ist natürlich. Wie die Dornen am Stiel der Rose vor groben Übergriffen abhalten sollen und manche Schädlinge daran hindern, sich dreist zu bedienen, so ist auch die Eifersucht in Maßen ein Schutz, der ganz angenehm sein kann.

Wer in keiner Situation, unter keinen Umständen eifersüchtig wird, der liebt nicht wirklich. Denn Liebe bedeutet Engagement für einen Menschen, der mir mehr bedeutet und wichtiger ist als andere. Wenn mein Partner fremdgeht oder angemacht wird, und mir ist das gleichgültig, dann gilt er mir nicht mehr als andere. Eifersüchtig sein zu können beweist Leidenschaft und die Bereitschaft, sich auf einen Menschen ganz stark einzulassen.

Hingabe und Leidenschaft

In einer glücklichen Beziehung kann die krankhafte Eifersucht eines Partners verheerend sein. Aber sie kann in abgemilderter Form auch eine Dynamik hineinbringen, eine Intensität des Begehrens, die erregend ist.
Richtig dosiert kann Eifersucht auch dem Sexualleben zuträglich sein. Denn Eifersucht löst bei dem, den sie trifft, Angst aus – die Angst, verlassen zu werden. Und die regt die Produktion der Sexualhormone an.
Es ist eine Ironie der Natur: aber eifersüchtige Menschen sind daher besonders heiß und erotisiert. Das kann zum schmerzlichen Problem werden, aber auch zur sanften Lösung, solange die Eifersucht keinen Grund hat.
Dann empfiehlt es sich schlicht, auf nächtelange Wortgefechte zu verzichten zugunsten einer leidenschaftlichen Liebesnacht.

Eifersucht kann aber nur dann positive Wirkungen zeitigen, wenn sie eingestanden wird und nicht verleugnet.
Sobald ich mir klar und deutlich sage: *»Ich neige zur Eifersucht, und daran wird sich wohl nie etwas ändern.«*
Sobald ich zugebe: *»Es hat mich erwischt, obwohl ich* mir *bisher ganz sicher war,* mir *könnte es nie passieren.«*
Sobald ich zu meiner Eifersucht stehe, kann ich mir Techniken ausdenken, sie zu kanalisieren. Dann kann ich Strategien entwickeln, wie ich die Flut der Gefühle umleite vom negativen zum positiven Ufer.

Phantasie und Fürsorge

Ein eifersüchtiger Mensch, gleichgültig ob die Eifersucht begründet ist oder nicht, stellt sich sehr bildhaft Situationen vor, wie das wohl aussieht, wenn sein Partner es mit jemand anderem treibt. Das heißt: Er besitzt Phantasie, sich verführerische und erotische Szenen auszudenken. Wenn er es schafft, diese in den Beziehungsalltag einzubringen, kann das sehr bereichernd für das Zusammenleben sein.

Ein eifersüchtiger Mensch ist außerdem meistens ein ehrlicher Mensch. Denn er leidet ja nicht nur unter der Idee oder der Vermutung, der Partner liebe einen anderen, ihm macht schlicht das Belogenwerden zu schaffen. Frauen wie Männer, die die Eifersucht quält, wissen sehr oft, was sie wollen, wem ihr Herz gehört, mit wem sie leben wollen und altwerden. Es sind Bekenner-Typen. Und sie sollten es kultivieren, ihre Liebe und Leidenschaft für den anderen in immer neuen Formen und Worten zu bekennen.

Eifersüchtige Menschen beobachten immer schärfer aus ihrem wachsenden Mißtrauen heraus. Viele sind aber auch von vornherein geboren zum genauen Beobachter. Das heißt, sie haben ein extrem feines Gespür dafür, wie es dem anderen geht. Ob da ein Schatten über sein Gesicht huscht, ob er nervös ist oder sich vor etwas fürchtet, ob er sich nicht gesund fühlt oder depressiv verstimmt ist. Der liebend genaue Blick des Eifersüchtigen kann ihre Partner vor mancher Peinlichkeit bewahren.

Und noch einen Vorteil hat die Eifersucht, wenn der, der daran leidet, mit ihr umgehen kann: sie beugt dem Erlahmen vor und der Ermüdung.

Ein kluger eifersüchtiger Mann läßt sich nicht gehen, sorgt dafür, daß seine Figur in Form bleibt, er nicht betrunken nach Hause kommt, seine Geliebte immer wieder überrascht.

Eine kluge eifersüchtige Frau verwahrlost nicht und versucht, spannend zu bleiben. Verändert ihre Aufmachung, denkt sich ständig was Neues aus für die Liebesspiele, beschenkt ihn nie stereotyp oder schnellfertig.

Mit anderen Worten: Eifersucht kann dazu führen, daß sich jemand mit sehr viel Energie und Konsequenz bemüht, attraktiv zu bleiben für den anderen und dessen Aufmerksamkeit so sehr zu beanspruchen, daß in seiner Seele und in seinem Körper gar keine Sehnsucht entsteht, fremdzugehen.

Eifersucht kann für jene innere Unruhe sorgen, die anregend und erregend ist. Eifersüchtige, die das rechte Maß gefunden haben, erleben daher dieses köstliche Aufgewühltsein, diese sinnliche Fiebrigkeit, die jeder frisch Verliebte kennt und genießt.

Eifersucht, meint Heinse, sei wie die Dornen an der Rose.
Und nachdem es bekanntlich von Natur aus keine Rose ohne Dornen gibt, gibt es wahrscheinlich auch keine wirkliche Liebe ganz ohne Eifersucht. Und sei sie noch so verborgen.

Zum Nachschlagen

Adressen, die weiterhelfen

Arbeiterwohlfahrt, Bundesverband
Marie-Juchacz-Haus
Oppelner Straße 130
53119 Bonn

Deutsche Arbeitsgemeinschaft für Jugend- und Eheberatung (DAJEB)
Neumarkter Straße 84 c
81673 München

Deutscher Caritas-Verband
Karlstraße 40
79104 Freiburg

Deutscher Frauenrat – Lobby der Frauen – Bundesvereinigung deutscher Frauenverbände und Frauengruppen gemischter Verbände e.V.
Simrockstraße 5,
53113 Bonn

Deutscher Psychotherapeutenverband (DPTV) e.V.
Bundesallee 213-214
10719 Berlin

Diakonisches Werk
Stafflenberggasse 76
70184 Stuttgart

Deutsches Rotes Kreuz (DRK) e.V.
Friedrich-Ebert-Allee 71,
53113 Bonn

Pro Familia, Bundesverband
Cronstetterstraße 30
60322 Frankfurt

Neue Wege – neue Pläne
Beratung und Information zum beruflichen Wiedereinstieg: Verein zur beruflichen Förderung von Frauen e. V.
Varrentrappstraße 47
60486 Frankfurt

Österreich
Caritasverband
Trauttmannsdorffgasse 15
1130 Wien

Familienservicestelle des Bundesministeriums für Umwelt, Jugend und Familie – telefonisch zum Ortstarif aus ganz Österreich zu erreichen.

Referat Frau-Familie-Gesellschaft
Stempfergasse 7, 8011 Graz

Schweiz
Caritas Schweiz
Löwenstraße 3, 6003 Luzern

Evangelischer Frauenbund der Schweiz
Winterthurerstraße 60, 8006 Zürich

Neuanfang im Beruf – Frauenzentrale
Marktgasse 4, 4051 Basel

Bücher, die weiterhelfen

Hildegard Baumgart:
Liebe, Treue, Eifersucht. Erfahrungen und Lösungsversuche im Beziehungsdreieck. Rowohlt, Reinbek 1985

Eva Gesine Baur: *Laß uns bloß nicht drüber reden!* Wie wir eine Beziehung kaputtquatschen.
Heyne, München 1994

Karin Büchner:
Handbuch Frauen-Netzwerke.
Wer sie sind – wie sie wirken – wo sie zu finden sind.
ECON, Düsseldorf und Wien 1993

Karin Dietl-Wichmann: *Hörigkeit.* Die Sehnsucht nach Unterwerfung.
Heyne, München 1990

Nina Larisch-Haider:
Von der Kunst, sich selbst zu lieben.
Kösel, München 1993

Karin Mager:
Faires Streiten – lebendige Partnerschaft. Wie Sie Konflikte besser lösen.
Gräfe und Unzer, München 1994

Margaret Minker:
Selbstwert statt Marktwert. Sich schön fühlen und selbstbewußter werden.
Gräfe und Unzer, München 1996

Deborah Tannen:
Du kannst mich einfach nicht verstehen. Warum Männer und Frauen aneinander vorbeireden.
Kabel, Hamburg 1991

Christiane Tramitz:
Irren ist männlich. Weibliche Körpersprache und ihre Wirkung auf Männer.
Bertelsmann, München 1993

Peggy Vaughan:
Mythos Monogamie. Wie man mit den Affären des Partners umgeht.
Knaur, München 1994

Register

Register

Impressum

Bildnachweis
Mike Masoni fotografierte das Titelfoto und die Bilder im Innenteil exklusiv für dieses Buch.

Redaktionsleitung: Doris Birk
Lektorat und Redaktion:
Andrea Koppenleitner
Gestaltung: Marcus von Hausen
Gesamtherstellung: Renate Hausdorf
Produktion: Monika Pamp
Druck und Bindung: Ludwig Auer, Donauwörth

ISBN 3-7742-2892-2

Auflage	5	4	3	2	1
Jahr	00	99	98	97	96